パスタの本

有元葉子

東京書籍

我が家のパスタ料理

　イタリア料理でプリモとして出されるパスタは世界中の人に愛され、今やパスタはどこの国でも自国の料理さながらのようになっています。日本でも和風パスタが人気です。どこの国の食材でもおいしくできる、そんな懐の深さがパスタのよさだと思います。イタリアの人々が、どこの国の人も温かく迎えてくれるのと通じるものがあります。私もしょっちゅうパスタを作っています。スタッフと食べるお昼ごはんやパスタ好きの家族のために、簡単な1人ごはん用にも。パスタはすっかり日常食になっています。

　パスタをおいしくいただくための私なりのポイントがあります。野菜のソースは太めのパスタ、ソースにはほとんど塩気を使わず野菜の甘みを大切にし、パスタのゆで汁に塩を多めに使います。一方魚介のパスタは細め、魚介ソースには適度な塩気が必要なのでパスタのゆで汁の塩は少なめ、パスタはかためにゆでて魚介ソースの中でおいしい汁を吸わせながら煮てちょうどよいかたさに仕上げます。バランスとタイミングの勘所は作り慣れていくうちに習得できるようになるでしょう。

　イタリア料理の食卓の我が家風の工夫、それは出す順序です。イタリア料理ではパスタはプリモで食事の最初の方に出てるものですが、我が家でのフルコースのときはメイン料理のセコンドを先に出して、プリモのパスタはあとからにして無理なく食べられるように量を加減して、と順序を逆にしています。和食で言う締めのご飯のようにすると、日本人の胃にはちょうどいいのです。

　パスタといえば忘れられない思い出があります。イタリア中部で大地震があったとき、私はちょうど現地の自宅に滞在していました。余震が何度となくあり、いつ自分の家が崩れるのかと心細い思いをしていたとき、お隣りさんから、こんなときに1人でごはんを食べちゃいけないよ、うちに来て一緒に食べよう、とありがたいお誘い。緊急時なのにフルコース。チーズをたっぷりとかけたトマトソースのパスタのあとにトマトで煮込んだ肉料理とサラダ、デザートはもちろん、ワインもちゃんとあります。こんなときですから紙皿と紙コップです。食事中に余震が起きると皆でお皿を持ったまま外に出ようかと中腰に。余震が収まると何事もなかったかのように食事に専念です。こんなときによくこんなご馳走ができるもんだなと思ってキッチンを覗くと、トマトソースの中に大きなかたまり肉が煮込まれ、今日使った鍋はこれだけよ、とお隣りのマンマは涼しい顔をしています。トマトソースで肉を煮込めば鍋1つでパスタもできるし肉料理もできる。なるほど！　と合点しました。イタリア人の温かい思いやりの心に感謝して、どんなときにも食べることに気を抜かないという気構えをみました。思い出深いこの料理はこの本の中でもご紹介しています。

　そしてパスタはおいしいばかりではありません。体にもいいといううれしい話があります。パスタが生活習慣病にいかに有効かを説いておられる横山淳一医師のお話（p.13）もぜひお読みくださいね。

　おうちで作るパスタが一番おいしいね、体にもいいね、と言えるようにこの本が少しでもお役に立てばうれしいです。

有元葉子

目　次

アリオ・エ・オリオのソース

魚介のソース

トマトのソース

チーズ、バター、クリームのソース

ラグー

手打ちパスタ

＊計量単位は1カップ＝200㎖、大さじ1＝15㎖、小さじ1＝5㎖です。

＊ガスコンロの火加減は特にことわりのない場合は中火です。

＊オーブンの焼き時間は目安です。機種によって多少差があるので、様子をみながら加減してください。

＊オリーブオイルはエキストラバージンオリーブオイルを使います。

＊粗塩はゲランドの塩を使っています。

パスタの種類とソースの関係

[この本で使ったパスタ]

　パスタとは小麦粉を水で練った生地で作られるものの総称で、その種類は数知れず。大別するとスパゲッティをはじめとするロングパスタ、マカロニをはじめとするショートパスタに分けられますが、長さや太さ、微妙な形の違いで名称が違ったり、同じ感じのものでも地方によって呼び名が変わったりします。ここではこの本で使った乾燥パスタを紹介。味つけやソースとのバランスで使い分けます。

A カッペリーニ
イタリア語で「髪の毛」という意味で、直径0.9mm前後のごく細いパスタ。魚介類のソースや冷製パスタに合います。「糸」という意味をもつフェデリーニも同様の使い方を。

B スパゲッティーニ
カッペリーニやフェデリーニより太く、スパゲッティよりやや細い、小さなスパゲッティという意味をもつパスタ。細くて滑りがいいので、魚介やアリオ・エ・オリオ・エ・ペペロンチーノや繊細な味のオイル系のパスタによく合います。

C スパゲッティ
イタリア語で「細い紐」を意味し、ロングパスタを代表するパスタ。直径1.6〜2.2mm程度のものまでさまざま。オールマイティーに使えますが、オイル系のものは細め、野菜やクリーム系のものやラグーは太めのものが合います。

D リングイーネ
スパゲッティをつぶしたような、断面が楕円形をしたパスタ。スパゲッティより少し平らなのでソースのからみがよい。魚介類のソース、トマトのソースなどとよく合います。

E フェットチーネ
幅5〜10mm前後の平面状のパスタ。表面積が広いのでソースとのからみが抜群で、バターソース、クリームソース、チーズとの相性がよい。タリアッテッレも同様。

F トルティリオーニ
表面に筋が斜めに入った筒状のショートパスタ。トマトや生クリームのソース、肉を入れたソースなど濃厚なソースによく合います。ひとまわり大きいサイズがリガトーニ。

G ペンネ
イタリア語で「ペン先」という意味で、断面が斜めにカットされている筒状のショートパスタ。ソースが筒の中に入りやすいので、トマトソースやクリームソースと合わせることが多い。表面に筋が入っているものはペンネ・リガーテ。

H フジッリ
語源は「糸を紡ぐ道具」という意味の、らせん状のショートパスタ。溝が深くてソースがよくからむので、細かく切った野菜のソースやラグーとよく合います。

I パッケリ
南イタリアでよく食べられる大きな筒状のショートパスタ。うまみの強い魚介類や濃厚なソースとの相性がよく、ソースであえるほか、カネロニのように中に詰めものをすることもあります。

J カネロニ
パッケリより長くて大きい筒状のパスタ。中に詰めものをして、ラザニアのようにトマトソース、ベシャメルソース、ラグーなどをかけてオーブンで焼くのが一般的。

[パスタとソースの相性]

　ロングパスタは太さや形によって食感が違うので、相性のよいソースや食材も違ってきます。ソースでいうと、細めのパスタにはあっさり軽めのソース、太めのパスタには濃厚なソース、食材でいうと、細めのパスタはシーフード、太めのパスタは野菜や肉が合います。野菜は軽いから細いパスタが合うのではと思いがちですが、野菜ソースの塩気はごく控えめ、または塩気をつけず、パスタに適度な塩気をつけるとおいしく仕上がるので、ある程度太さのあるパスタがおすすめなんです。

　ショートパスタは厚みがあり、しっかりとした食感です。実際に作ってみるとわかりますが、ゆで時間が長いということは厚いということだし、そのモチッとした食感はかなりの食べ応え。いずれのショートパスタも表面積が大きかったり筋や溝が作られていたりとソースがからみやすくなるように作られているので、味のしっかりとした濃厚なソースが合います。

　また、いつも何気なく使っているハーブにも相性があります。魚介にはイタリアンパセリ、肉にはタイムやローズマリー、トマト系ソースにはバジルやオレガノ、クリーム系ソースにはタイムやセージがよく合います。

[パスタとソースと塩の関係]

　パスタをゆでるときは塩を入れてゆでますが、それはパスタに塩味をつけるため。ソースばかりが塩辛くてもおいしく感じないからです。パスタはソースで食べるもの、と思いがちですが、上にソースをかけただけのパスタはどこか味気なく、ソースの味がよくからんだパスタこそが本来の醍醐味です。

　そこでポイントとなるのが、パスタとソースの塩のバランス。ソースに塩気がある場合はパスタの塩は通常通り（p.9参照）、ソースに塩を入れない場合はパスタをゆでるときに多めに塩を入れます。たとえばラグーなどの肉のソースは塩気があるのがおいしいので塩は多め、そのかわりパスタの塩加減は少なめにします。逆に、野菜のソースは自然の甘みを大切にしたいので、ソースには塩を利かせず、パスタに塩味をつけます。

　ゆで加減は、ロングパスタは袋の表示より1〜2分早めに、ショートパスタはかたいとおいしくないので、1分前または時間通りに。ときどき食べながら確認していくのが最も確実です。

2口コンロに鍋2つ。
パスタのゆで方と作り方の基本

パスタをゆではじめる

A 深鍋に湯を沸かして粗塩を加えます。湯2ℓに対して粗塩大さじ1½が目安。塩味のないソースの場合は、塩を多めに入れることも（p.7参照）。塩味のあるソースの場合は、ゆで湯に入れる塩を減らすとよい。パスタは160〜180gを用意。

B パスタをバラバラッとほぐしながら入れます。ここではパスタがそのまま入る大きめ楕円形の鍋を使いますが、丸い鍋を使うときは束にしたパスタの中央部分を両手で握ってねじり、パッと放します。

C パスタを入れたらすぐにかき混ぜ、ゆではじめます。袋の表示時間より2分ほど短くタイマーをセットしておくと万全。そのあとはこまめに混ぜる必要はなく、放っておいてよいくらい。差し水はしないようにします。

  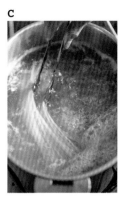

ソースを作る　※ここではp.28「菜の花とパンチェッタのパスタ」を例にとって解説。

A フライパンまたは浅鍋にオリーブオイルとにんにくを入れて火にかけ、弱火でじっくりと炒めてにんにくの中まで火を通します。ここで使うオリーブオイルは大さじ2〜3が目安。

B パンチェッタを加え、脂が十分に出てカリッとしてくるまでよく炒めます。ここでもじっくりと火を通し、素材のうまみを引き出します。ベーコンやじゃこ、香味野菜などのうまみ素材も同様です。途中で赤唐辛子を加えます。

C 菜の花を入れ、パスタのゆで汁を加えてふたをして蒸し煮にします。これでソースの完成。この段階でパスタがゆで上がっていない場合はいったん火を止め、パスタを加える寸前に再び火にかけます。

パスタを加えてあえる

A パスタは食べてみてゆで加減を確認するのが最も確実。ザルに上げたりせず、ロングパスタならトングでつかみ、ショートパスタなら網じゃくしや小ぶりのストレーナーですくい、直接ソースの鍋に入れます。パスタからポツンポツンとたれるゆで汁とともにソースへ入れる、これくらいがちょうどいい湯きり加減です。

B パスタにソースの味をよくからませるように、あえます。あえているうちにパスタがスープを吸ってアルデンテになります。魚介のスープの場合はパスタを鍋の真ん中に入れて汁を吸わせるのがおいしさのポイント。

C 様子をみて、オリーブオイルやゆで汁を足し、パスタとからみやすくしたり、塩気とうまみを補うことも。

大勢の分を作るときは半ゆでにしておくことも

太めのパスタやペンネなどのショートパスタはゆでる時間が長いので、多人数分を作るときは3〜4分ゆでて半ゆでの状態にし、ザルに上げてゆで汁をきり、オリーブオイルをまぶして油分をきっておきます。ゆで汁はとっておきます。ここまでしておくと、いざ食べようと思う少し前に2分ほどゆで直し、ソースと合わせるだけでよくなります。

ストックしておきたいオイルと食材

オリーブオイル

バターやクリームなど乳製品を使ったソースを除けば、ほぼすべてのソースに使われる、パスタに欠かせないオイル。オリーブオイルは100%オリーブの実を丸ごと搾った天然由来で、自然のフルーティーな風味と味わいがあり、パスタの味をも引き立てます。フレッシュな香りのエキストラバージンオリーブオイルに限ります。好みのものを使ってください。

にんにく

オリーブオイルと同様、バターやクリームなど乳製品を使ったソースを除けば、ほぼすべてのソースに使われるといってもいいのが、にんにく。パスタ料理におけるにんにくは食べるためというより、オイルににんにくの風味をつけるために使われますが、あるのとないのでは大違い、にんにくの香りやうまみがおいしさを底上げします。

粗塩

パスタをゆでる際に使う塩は湯2ℓにつき大さじ1½前後（湯1ℓにつき大さじ⅔〜1強）。パスタに塩味をつけるための塩なので、おいしい塩を使うに限ります。ミネラルがたっぷりと含まれる自然塩は舐めてもツンとしたしょっぱさがなく、でも力強い味わい。私は「ゲランドの塩」の粗塩を使っています。

パルミジャーノ・レッジャーノ

イタリア・パルマで作られる、長期間熟成された牛のチーズ。うまみ成分が多く、ソースに混ぜたり仕上げにたっぷりとかけたり……と、パスタ料理には必須。かたまりのものを買い求め、うまみだけでなく香りも生かしたいので、おろして時間のたったものではなく、その場ですりおろして使います。

赤唐辛子

パスタには塩味をつけ、ソースは必要以上にしょっぱくしないというのがおいしさの秘訣ですが、ここでポイントとなるのが赤唐辛子。赤唐辛子の辛さがほんの少し効いているだけで塩気がなくても味のバランスがとれます。輪切り、みじん切り、手でちぎる……など、組み合わせる食材によって切り方は変わります。いろいろな赤唐辛子がありますが、好みで使えばいいでしょう。

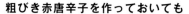

粗びき赤唐辛子を作っておいても

ヘタをとった赤唐辛子適量をフードプロセッサーに入れ、粗びきの状態になるまで撹拌します。おいしい赤唐辛子なら種も一緒に、辛みの強い唐辛子なら種をとって撹拌しても。密閉できる瓶に入れてストックしておくと、いつでもすぐに使えて便利です。

ベーコン、パンチェッタ

うまみとコクをプラスするのにうってつけなのがベーコン、パンチェッタなどの肉加工品。ベーコンは豚バラ肉を塩漬けにして熟成し、長時間燻煙したもの。パンチェッタは豚バラ肉を塩漬けにして熟成させたもの。どちらも豚肉の保存法として作られるようになったものなので、豚肉のうまみがギュッと凝縮されています。薄切りや細切りなどにしてオリーブオイルでじっくり炒めて脂を十分に出すのがポイントです。

アンチョビー

ひしこいわしを塩漬けにして発酵させ、オリーブオイルに漬けたもの。うまみと塩分があり、野菜のパスタに加えるとコクが出て、それだけで味が簡単に決まります。ソースを作る際にオリーブオイルで炒めると全体に味がなじんでおいしくなります。

じゃこ

ベーコンやパンチェッタ、アンチョビーと同様、うまみを加えたいときに使います。じゃこはいわしの稚魚をゆでて干したもので、ほどよい塩加減とほのかな甘みがあり、パスタとの相性も2重丸。オリーブオイルでカリッとするまで炒めると、香ばしさもプラスされます。

ケイパーの塩漬け

ケイパーはフウチョウソウ科の植物で、つぼみが食用とされます。乾燥すると香りが弱くなるので、収穫したらすぐに酢漬け、塩漬けなどにされますが、パスタ料理によく使うのは塩漬け。1時間ほど水に浸して塩気とうまみが残る程度に塩抜きし、刻んで使います。魚介や海産加工品によく合います。

トマト加工品

トマトソースを作るときに欠かせないのが、旬に収穫されてすぐに缶や瓶に詰められるトマト加工品。特にイタリア産トマトを使ったものは果肉の密度が濃くてうまみが強いので、ソース作りにはうってつけ。ホールトマト、カットトマト、トマトパッサータ（粗漉しトマト）、チェリートマトソース、ピエンノロトマトなど種類も豊富。単品で作ってもよいし、組み合わせて使っても。

生クリーム

生乳や牛乳を分離して取り出した乳脂肪分のみの生クリームは、乳脂肪のコクとうまみがあり、それだけでおいしいソースのベースになります。日本では大別して乳脂肪分35％前後のものと45％前後のものがありますが、好みで選べばいいでしょう。

バター

バターソースやクリームソースのパスタを作るときに使いたいのがバター。オリーブオイルではなく、バターで炒めることでコクを出したり、風味をつけることでよりおいしく仕上がります。食べてみておいしいと感じるものを選びます。

よこやま・じゅんいち
オリーヴァ内科クリニック院長。医学博士。東京慈恵会医科大学内科学教授を経て、東京・世田谷の駒沢公園近くに、オリーヴァ内科クリニックを開院。食の豊かさやおいしさを追求した生活習慣病予防の食のあり方を提唱。自然食・全体食としてのパスタ料理をとり入れた地中海型の食事を推奨。有元葉子さんとは食や著書を通じて交流が深い。

パスタ料理は有元流で、より美味に、より健康食に進化

素材の持ち味を損なわず、そのまま最大限に生かしたシンプルな料理——有元流を端的に表現すれば、このようにいえるでしょう。シンプルな中にも、何を省いて何を残すべきかしっかりと吟味されている。パスタはまさに有元流の真骨頂が発揮できる食品であると思います。

イタリアでは古くから「小麦粉が銀であれば、セモリナ粉は金である」といわれています。

パスタはデュラム小麦という硬質小麦を粗くひいたセモリナ粉を原料としています。かたいという性質のほかにもグルテンというタンパク質が多く含まれているため特有の粘りと弾力があります。このデュラムセモリナ粉に水だけを加えてペースト状に粘り、圧縮して、細い出口から放出成形させ、それを乾燥させたものが乾燥パスタです。強力粉をさらに圧縮して乾燥させているので、保存料はもちろん塩を添加しなくても製造後1年以上たっても味も風味も損なわれず、保存食品としても優れています。パスタはセモリナ粉と水だけの自然食品でありながら長期保存ができる素晴らしい食品なのです。

パスタは栄養の面では、糖質が主です。糖質のとり過ぎは肥満、糖尿病といった生活習慣病を招くことから低糖質食がもてはやされていますが、糖質の量よりも糖質をどのような食品でとるかが重要なのです。パスタは、糖質が主体である米、パン、うどん、そばと比べて消化・吸収に時間がかかり、食べたあとの血糖上昇が緩やかです。これには、パスタの原料や製造法が関係しています。

血糖上昇が緩やかであることには、2つの利点があります。1つは、エネルギーを長時間持続して供給できること。パスタは持久力が求められるスポーツ、長時間食事がとれない舞台俳優の食に適しています。もう1つは、膵臓から分泌されるインスリンを過剰に分泌刺激しないことになり、糖尿病、肥満などの生活習慣病の予防にもつながります。

このようにパスタは自然食品で、健康増進をもたらす食品ですが、パスタにあえるソースや具に化学調味料を使ったり、食品添加物が多いとパスタのよさが台なしになってしまいます。パスタをいじめることなく、いたわりながらパスタのよさを引き出す有元流の料理は、まさに「パスタが喜ぶ」料理といえるでしょう。

「パスタ料理は毎日食べても飽きない、食べない日があると何か満足感がない」「パスタは生きる喜び。パスタのない人生は考えられない」とは小生のことですが、有元流を取り入れ、家庭でパスタ料理をすればこのことが実感でき、ご家族の健康増進にもつながるでしょう。

横山 淳一

アリオ・エ・オリオのソース

アリオはにんにく、オリオはオリーブオイルのこと。
このオイルベースのソースを上手に作れれば、バリエーションは無限大。
ここに赤唐辛子を加えればアリオ・エ・オリオ・エ・ペペロンチーノ。出盛りの野菜を入れて楽しんだり、
うまみ出しにベーコンやアンチョビーなどを入れて変化をつけたり。野菜を主役にしたいときのパスタソースともいえます。

アリオ・エ・オリオ・エ・ペペロンチーノ

材料　2人分

スパゲッティまたはスパゲッティーニ ……	160〜180g
湯 ………………………………………	2ℓ
粗塩 ………………………………………	大さじ1½〜2
にんにく …………………………………………	2片
赤唐辛子 …………………………………………	1〜2本
オリーブオイル …………………………………	大さじ2〜3

1. 深鍋に湯を沸かして塩を加え、パスタを入れてすぐに
   かき混ぜ、ゆではじめる。袋の表示時間より1〜2分
   短くタイマーをセットする。
2. にんにくはみじん切りにし、赤唐辛子は種をとってみ
   じん切りにする。
3. フライパンまたは浅鍋にオリーブオイルとにんにくを
   入れて弱火にかけ、ざっと混ぜてなじませ、あとは混
   ぜずに、じっくりと火を通す。
4. にんにくが麦わら色になって泡が出なくなったら、赤
   唐辛子を加えて混ぜる。※この段階でパスタがゆで上
   がっていない場合はいったん火を止め、パスタを加え
   る寸前に再び火にかける。
5. パスタがゆで上がったらトングでつかみ上げて4に加
   え、よくからめる。

おいしさのポイントはにんにくの火の通し方。
フライパンにオリーブオイルとにんにくを入れてから弱火にかけ、ざっと混ぜてにんにくをオイルになじませ、
あとは、混ぜずに、泡が出なくなるまでじっくりと火を通します。
これでにんにく臭さがなくなって、にんにくを焦がすことなくうまみと香ばしさが残ります。
また、赤唐辛子はこのあとに入れること。最初から入れるとにんにくに火が通る前に焦げてしまいます。

材料　2人分

スパゲッティまたはスパゲッティーニ	160〜180g
湯	2ℓ
粗塩	大さじ1½
しらす	1カップ
ケイパー（塩漬け）	大さじ1
にんにく	2片
赤唐辛子	1〜2本
オリーブオイル	大さじ2〜3
イタリアンパセリ	適量

しらすのペペロンチーノ

1. ケイパーは塩気とうまみが残る程度に塩抜きし、刻む。にんにくはみじん切りにし、赤唐辛子は種をとって輪切りにする。

2. 深鍋に湯を沸かして塩を加え、パスタを入れてすぐにかき混ぜ、ゆではじめる。袋の表示時間より1〜2分短くタイマーをセットする。

3. フライパンまたは浅鍋にオリーブオイルとにんにくを入れて弱火にかけ、ざっと混ぜてなじませ、あとは混ぜずに、じっくりと火を通す。

4. にんにくが色づいてきたらしらすを加えて炒め、赤唐辛子、ケイパーの順に加えて混ぜる。※この段階でパスタがゆで上がっていない場合はいったん火を止め、パスタを加える寸前に再び火にかける。

5. イタリアンパセリはみじん切りにする。

6. パスタがゆで上がったらトングでつかみ上げて4に加え、よくからめる。仕上げにイタリアンパセリをふって混ぜる。

p.14のアリオ・エ・オリオ・エ・ペペロンチーノにしらすを入れたバージョンです。
しらすはにんにくを炒めたタイミングで加え、
水分を飛ばすようにしながら炒めてオイルとなじませます。
じゃこを使う場合は、赤唐辛子と同じタイミングで入れるといいですね。
ケイパーの独特の香りとうまみ、塩気がアクセントです。

キャベツとアンチョビーのパスタ

材料　2人分

スパゲッティ ……………………………	160〜180g
湯 ………………………………………	2ℓ
粗塩 ……………………………………	大さじ1½
キャベツ …………………………………	大4枚
にんにく …………………………………	1片
赤唐辛子 …………………………………	大1本
アンチョビー ……………………………	3枚
オリーブオイル …………………………	大さじ2〜3

1. キャベツは大きめの一口大に切り、氷水に放してパリッとさせる。にんにくはたたきつぶし、赤唐辛子は半分に切って種をとる。

2. 深鍋に湯を沸かして塩を加え、パスタを入れてすぐにかき混ぜ、ゆではじめる。袋の表示時間より2分ほど短くタイマーをセットする。

3. フライパンまたは浅鍋にオリーブオイルとにんにく、赤唐辛子を入れて火にかけ、ざっと混ぜてなじませ、アンチョビーを加えてつぶしながら炒め、油とよくなじませる。※この段階でパスタがゆで上がっていない場合はいったん火を止め、パスタを加える寸前に再び火にかける。

4. 2のパスタがゆで上がる1分ほど前に水気をきったキャベツを加え、パスタと一緒にゆでる。

5. パスタがゆで上がったら、キャベツ、パスタの順に手早くトングでつかみ上げて3に加え、よくからめる。

キャベツはパスタと一緒にゆでますが、ゆですぎは禁物。ゆでる前に氷水に放してパリッとさせておき、
パスタがゆで上がる1分ほど前に入れて軽くゆで、パスタと一緒に引き上げるのがおすすめ。
シャキッとしていながらも火が通っているキャベツを目指します。ブロッコリー、小松菜などでも同様に。

ごぼうとパンチェッタのパスタ

材料　2人分

スパゲッティ	160〜180g
湯	2ℓ
粗塩	大さじ1½
ごぼう	½本
パンチェッタ	70g
にんにく	大1片
赤唐辛子	1〜2本
オリーブオイル	大さじ2〜3

1. ごぼうはたわしで洗い、ごく細く切って水にさらし、水気をきる。パンチェッタも細く切る。にんにくはみじん切りにし、赤唐辛子は種をとって輪切りにする。

2. 深鍋に湯を沸かして塩を加え、パスタを入れてすぐにかき混ぜ、ゆではじめる。袋の表示時間より1〜2分短くタイマーをセットする。

3. フライパンまたは浅鍋にオリーブオイルとにんにくを入れて火にかけ、ざっと混ぜてなじませ、パンチェッタを加えてよく炒める。パンチェッタから脂が十分に出たらごぼうを加えて炒め合わせる。

4. パンチェッタがカリッとしたら赤唐辛子を加えて混ぜる。※この段階でパスタがゆで上がっていない場合はいったん火を止め、パスタを加える寸前に再び火にかける。

5. パスタがゆで上がったらトングでつかみ上げて**4**に加え、よくからめる。

ごぼうはごくごく細く切るのがポイント。にんにくの香りが移った油と
パンチェッタから出た脂で炒めるとごぼうのおいしさが際立ち、パスタにもよくからみます。
パンチェッタの代わりにベーコンを使ってもよいですが、
その場合はかたまりのものを買い求め、細い棒状に切って使います。

トレビスとパンチェッタのパスタ ＞ 作り方は p.24

油との相性もよく、パンチェッタと取り合わせてパスタにすることも。

パンチェッタはカリッとするまで炒めて脂を十分に出し、その脂でトレビスをよく炒めると、

トレビスのほろ苦い味にパンチェッタのコクがからまっておいしく仕上がります。

トレビスはラディッキオの一種で、イタリアではサラダによく使われますが、
油との相性もよく、パンチェッタと取り合わせてパスタにすることも。
パンチェッタはカリッとするまで炒めて脂を十分に出し、その脂でトレビスをよく炒めると、
トレビスのほろ苦い味にパンチェッタのコクがからまっておいしく仕上がります。

ひじきとベーコンのパスタ > 作り方は p.25

おいしく作るコツは、ひじきを歯応えよく仕上げること。
水で戻すときも歯応えが残る程度にし、炒めるときも必要以上に時間をかけないようにします。
そして、もっとも大事なのはおいしいひじきを使うこと。
私は細かい芽ひじきではなく、少し太めの長ひじきを使います。
長ひじきはうまみと歯応えがあり、ひじきのおいしさがしっかりと味わえます。

トレビスとパンチェッタのパスタ

材料　2人分

スパゲッティ …………………………	160〜180g
湯 …………………………………	2ℓ
粗塩 ………………………………	大さじ1½
トレビス* ……………………………	½個
パンチェッタ ………………………	70g
にんにく ……………………………	1片
オリーブオイル ……………………	大さじ2〜3

*トレビスは芯の部分に深く切り込みを入れ、切り口を水につけてふたをし、冷蔵庫に1日おいて使う。こうするとかたく巻いて締まった状態から葉が大きく開いてきてゆるまる。切り込みを入れた部分から半分にさく。

1. トレビスは葉を1枚ずつはがし、1〜1.5cm幅に切る。パンチェッタは細く切る。にんにくはみじん切りにする。

2. 深鍋に湯を沸かして塩を加え、パスタを入れてすぐにかき混ぜ、ゆではじめる。袋の表示時間より1〜2分短くタイマーをセットする。

3. フライパンまたは浅鍋にオリーブオイルとにんにくを入れて火にかけ、ざっと混ぜてなじませ、パンチェッタを加えて炒める。

4. パンチェッタから脂が十分に出たらトレビスを加え、少し濁った色になるまでよく炒める。※この段階でパスタがゆで上がっていない場合はいったん火を止め、パスタを加える寸前に再び火にかける。

5. パスタがゆで上がったらトングでつかみ上げて**4**に加え、よくからめる。

ひじきとベーコンのパスタ

材料　2人分

スパゲッティ …………………………………	160〜180g
湯 ……………………………………………	2ℓ
粗塩 …………………………………………	大さじ1½
長ひじき（乾燥） ……………………………	30g
ベーコン（薄切り） …………………………	100g
にんにく ………………………………………	1片
赤唐辛子 ………………………………………	1本
オリーブオイル ………………………………	大さじ2〜3

1. ひじきはたっぷりの水につけて歯応えが残る程度に戻し、4〜5cm長さに切って水気をきる。ベーコンは2cm幅に切る。にんにくはたたきつぶし、赤唐辛子は種をとって輪切りにする。

2. 深鍋に湯を沸かして塩を加え、パスタを入れてすぐにかき混ぜ、ゆではじめる。袋の表示時間より1〜2分短くタイマーをセットする。

3. フライパンまたは浅鍋にオリーブオイルとにんにくを入れて火にかけ、弱火でじっくりと炒めて香りを出す。

4. ベーコンを加えて炒め、ベーコンから十分に脂が出たら赤唐辛子を加えて炒め、ひじきを加えて一緒に炒める。※この段階でパスタがゆで上がっていない場合はいったん火を止め、パスタを加える寸前に再び火にかける。

5. パスタがゆで上がったらトングでつかみ上げて**4**に加え、よくからめる。

古漬けとじゃこのパスタ

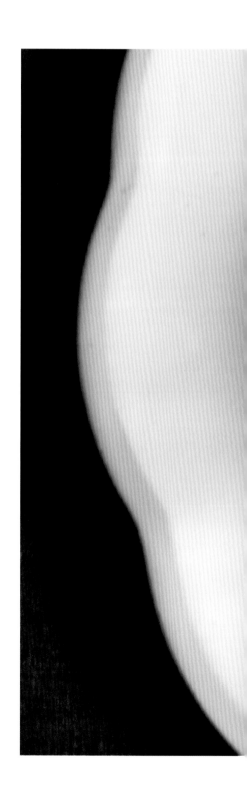

材料　2人分

スパゲッティ	160〜180g
湯	2ℓ
粗塩	大さじ1
かぶの葉または大根の葉の古漬け	
（水気を絞ったもの）	⅔カップ
赤唐辛子	2本
じゃこ	大さじ4
オリーブオイル	適量

1. 古漬けはみじん切りにし、水にさらして塩気をほどよく抜き、さらしで包んで手でギュッと絞る。赤唐辛子は種をとってみじん切りにする。

2. 深鍋に湯を沸かして塩を加え、パスタを入れてすぐにかき混ぜ、ゆではじめる。袋の表示時間より1分ほど短くタイマーをセットする。

3. フライパンまたは浅鍋にオリーブオイル大さじ2〜3を入れて火にかけ、じゃこを入れて弱火でじっくりと炒める。

4. じゃこがカリカリになって魚臭さがなくなったら、赤唐辛子を加えてさらに炒め、古漬けを加えて油になじませるように炒め合わせる。※この段階でパスタがゆで上がっていない場合はいったん火を止め、パスタを加える寸前に再び火にかける。

5. パスタがゆで上がったらしっかりとゆで汁をきって4に加え、よくからめる。仕上げにオリーブオイル少々を回し入れる。

ベーコンやパンチェッタ、アンチョビーなどと同様、じゃこもうまみ食材の一つ。

オリーブオイルでじっくりと炒めることで、味のベースができ上がります。

ここで取り合わせるのは、糠床に漬けてあった菜っ葉の古漬け。かぶでも大根でもいいですね。

発酵食品を入れると味に深みが出て、思いの外おいしくなります。

アクセントに赤唐辛子。にんにくは使いませんが、好みで入れても。

菜の花のパスタ2種

春先、店頭で菜の花を見かけると作りたくなるのが菜の花のパスタ。
ほろ苦い菜の花とアリオ・エ・オリオのソースの組み合わせは絶妙で、パスタの種類や味出しの素材を替えていろいろに楽しみます。
ここで紹介するのは、菜の花、パンチェッタ、ロングパスタの組み合わせ、菜の花、アンチョビー、ショートパスタの組み合わせ。
ショートパスタは、フジッリや表面に溝があるタイプを使うとソースがからみやすくなります。
菜の花はパスタのゆで汁で蒸し煮にすると、味も香りも色も生きます。

菜の花とパンチェッタのパスタ

材料　2人分

スパゲッティ	160〜180g
湯	2ℓ
粗塩	大さじ1½
菜の花	1束
パンチェッタ	80〜100g
にんにく	1片
赤唐辛子	2本
オリーブオイル	適量

1. 菜の花は冷水につけてシャキッとさせ、茎のかたいところを切り落とし、長ければ半分に切る。パンチェッタは縦に薄切りにする。にんにくは半分に切り、赤唐辛子はみじん切りにする。

2. 深鍋に湯を沸かして塩を加え、パスタを入れてすぐにかき混ぜ、ゆではじめる。袋の表示時間より2分ほど短くタイマーをセットする。

3. フライパンまたは浅鍋にオリーブオイル大さじ2〜3とにんにくを入れて火にかけ、ざっと混ぜてなじませ、パンチェッタを加えてよく炒める。パンチェッタから脂が十分に出たら赤唐辛子を加え、パンチェッタがカリッとしてくるまでさらに炒める。

4. 菜の花を入れ、2のゆで汁をお玉½杯分より少なめに加え、ふたをして蒸し煮にする。菜の花に火が通ったらふたをとる。※この段階でパスタがゆで上がっていない場合はいったん火を止め、パスタを加える寸前に再び火にかける。

5. パスタがゆで上がったらトングでつかみ上げて4に加え、あえる。様子をみてゆで汁少々、オリーブオイル少々を足してよくからめる。

菜の花とアンチョビーのパスタ

材料　2人分

フジッリ	160〜180g
湯	2ℓ
粗塩	大さじ1
菜の花	1束
にんにく	2片
赤唐辛子	2本
アンチョビー	5〜6枚
オリーブオイル	適量

1. 菜の花は冷水につけてシャキッとさせ、茎のかたいところを切り落とし、長ければ半分に切る。にんにくはたたきつぶし、赤唐辛子は種をとる。
2. 深鍋に湯を沸かして塩を加え、パスタを入れてすぐにかき混ぜ、ゆではじめる。袋の表示時間通りにタイマーをセットする。
3. フライパンまたは浅鍋にオリーブオイル大さじ2〜3とにんにくを入れて火にかけ、弱火でじっくりと炒めて香りを出す。にんにくが色づいてきたら赤唐辛子を入れ、アンチョビーを加えてつぶしながら炒め、油とよくなじませる。
4. 菜の花を入れ、2のゆで汁をお玉½杯分より少なめに加え、ふたをして蒸し煮にする。菜の花に火が通ったらふたをとる。※この段階でパスタがゆで上がっていない場合はいったん火を止め、パスタを加える寸前に再び火にかける。
5. パスタがゆで上がったら汁気をきって4に加えてあえる。様子をみてゆで汁少々、オリーブオイル少々を足してよくからめる。

ふきのとうのパスタ

材料　2人分

スパゲッティーニ	160〜180g
湯	2ℓ
粗塩	大さじ1
ふきのとう	5個
オリーブオイル	大さじ2〜3
塩	少々

1. ふきのとうは根元の切り口が変色していたら切り落とし、葉をしっかり広げて中のつぼみが見えるようにする。葉は1枚ずつはがし、つぼみは適当な大きさに分ける。

2. 深鍋に湯を沸かして塩を加え、パスタを入れてすぐにかき混ぜ、ゆではじめる。袋の表示時間より1分ほど短くタイマーをセットする。

3. フライパンまたは浅鍋にオリーブオイルを入れて弱火にかけ、ふきのとうを加えてじっくりと炒め、油とよくなじませる。※この段階でパスタがゆで上がっていない場合はいったん火を止め、パスタを加える寸前に再び火にかける。

4. パスタがゆで上がったらトングでつかみ上げて3に加え、塩をふり、よくからめる。

30 > 31　アリオ・エ・オリオのソース

ふきのとうは、ふきの若い花茎、つまり花のつぼみ。
独特の香りとほろ苦さがあり、パスタに仕立てるとなんともおいしく感じます。
ふきのとうならではの繊細さを楽しみたいので、にんにくも赤唐辛子も入れずに作るのが好き。
また、ふきで作ってもおいしく、その場合はゆでたものを最後に加えます。

パスタ・プリマベーラ

材料　2人分

フェットチーネ	150g
湯	2ℓ
粗塩	大さじ1〜1½
アスパラガス	4〜5本
玉ねぎ	小¼個
パプリカ（赤、黄）	各⅓個
ズッキーニ	½本
にんじん	4cm
菜の花	3〜4本
オリーブオイル	大さじ2
バター	30g
塩	少々
パルミジャーノ・レッジャーノ（すりおろし）	
	1カップ
粗びき黒こしょう	適量
バジル	適量

1. アスパラガスは根元に近い部分の皮をピーラーでむき、穂先を2〜3cm残して7〜8mm幅に切る。玉ねぎ、パプリカ、ズッキーニは7〜8mm角に切り、にんじんは皮をむいて同じくらいの大きさに切る。菜の花は食べやすい長さに切る。

2. 深鍋に湯を沸かして塩を加え、パスタを入れてすぐにかき混ぜ、ゆではじめる。袋の表示時間より1分ほど短くタイマーをセットする。

3. フライパンまたは浅鍋にオリーブオイルとバターを入れて火にかけ、アスパラガスと菜の花以外の野菜を入れ、そのあとアスパラガス、菜の花の順に入れてじっくりと炒める。

4. 塩をふってふたをし、弱火で蒸し煮にて火を通し、野菜の甘さとうまみを出す。※この段階でパスタがゆで上がっていない場合はいったん火を止め、パスタを加える寸前に再び火にかける。

5. パスタがゆで上がったらトングでつかみ上げて4に加え、パルミジャーノをたっぷりと入れてよくからめる。

6. 器に盛り、こしょうをふってバジルを散らし、さらに好みでパルミジャーノをおろしかける。

プリマベーラは「春」という意。アスパラガスや菜の花、新にんじんといった春の野菜を数種類組み合わせた、
大地の恵みを丸ごと味わえる一品です。カラフルに仕上げたいので、赤や黄色のパプリカ、
ズッキーニなども加え、ちょっと贅沢に。グリンピース、そら豆、スナップえんどうなどを加えてもいいですね。
オリーブオイルとバターを使って香りよく炒め、味つけはシンプルにします。

サルサ・ヴェルデのパスタ

材料　2人分

スパゲッティ ……………………………	160〜180g
湯 ………………………………………	2ℓ
粗塩 ……………………………………	大さじ1〜1½
サルサ・ヴェルデ（作りやすい分量）	
バジル …………………………………	2束
イタリアンパセリ ……………………	5〜6本
にんにく ………………………………	1片
塩 ………………………………………	少々
オリーブオイル ………………………	½カップ
パルミジャーノ・レッジャーノ ……………	適量
イタリアンパセリなどのハーブの葉先 ……………	適量

1. 深鍋に湯を沸かして塩を加え、パスタを入れてすぐにかき混ぜ、ゆではじめる。袋の表示時間より1分ほど短くタイマーをセットする。

2. サルサ・ヴェルデの材料をミキサーに入れて撹拌し、なめらかなソース状にする。なめらかさはオリーブオイルの量で調整する。

3. パスタがゆで上がったらゆで汁をきってボウルに入れ、サルサ・ヴェルデ½カップ強を加えてよくからめる。

4. 器に盛り、パルミジャーノをおろしかけ、ハーブの葉先をのせる。

バジル、松の実、にんにく、パルミジャーノ、オリーブオイルで作るペスト・ジェノベーゼもおいしいですが、
どちらかといえば私はサルサ・ヴェルデが好みです。サルサ・ヴェルデは緑のソースという意で、バジルを主にイタリアンパセリ、
ルッコラなどのハーブ、にんにく、オリーブオイルで作る、フレッシュ感たっぷりのすっきりとしたソース。
多めに作り、使わなかった分は冷凍しておきます。

きのことハーブのパスタ ＞ 作り方は p.38

きのこのパスタ2種

きのこパスタのバリエーションは豊富。きのこの種類、きのこの切り方、ベースになるソースの味などで
無限大に楽しめるのが魅力です。ここで紹介するのはアリオ・エ・オリオのソースを使ったもの。
一つはしいたけを大きめにさいて香ばしく焼き、相性のいいハーブとともにきのこの食感を楽しむタイプ。
もう一つは数種類のきのこを細かく切ってきのこソースを作り、きのこならではの香りやニュアンスを味わうタイプ。
きのこは油を吸うので、良質のオリーブオイルをたっぷり使って仕上げるのがポイントです。

きのこソースのパスタ > 作り方は p.39

きのこのパスタ2種

きのことハーブのパスタ

材料　2人分

スパゲッティ ……………………………………	160〜180g
湯 ………………………………………………	2ℓ
粗塩 ……………………………………………	大さじ1
しいたけ ………………………………………	12個
ハーブ（ローズマリー、セージ、タイムなど）……	適量
にんにく ………………………………………	大1片
赤唐辛子 ………………………………………	小1本
オリーブオイル ………………………………	適量
塩 ………………………………………………	少々

1. しいたけは石づきをとってカサの部分に十字に切り目を入れ、手で4つにさく。小さいものは半分にさく。ローズマリーとセージは葉を摘んで刻み、タイムは枝から葉をしごきとる。にんにくはたたきつぶす。赤唐辛子は種をとってみじん切りにする。
2. 深鍋に湯を沸かして塩を加え、パスタを入れてすぐにかき混ぜ、ゆではじめる。袋の表示時間より1〜2分短くタイマーをセットする。
3. フライパンまたは浅鍋にオリーブオイル大さじ2〜3、にんにくを入れて火にかけ、弱火でじっくりと炒めて香りを出す。
4. しいたけを加えて炒める。しいたけは油を吸うので、途中油がなくなってきたら随時足し、しいたけが香ばしくなるまで炒める。
5. 赤唐辛子を加えて塩をふり、ハーブを加えて混ぜ、ふたをしてしいたけがしんなりするまで蒸し焼きにする。※この段階でパスタがゆで上がっていない場合はいったん火を止め、パスタを加える寸前に再び火にかける。
6. パスタがゆで上がったらトングでつかみ上げて5に加え、よくからめる。
7. 器に盛り、ハーブを添える。

きのこソースのパスタ

材料　2人分

スパゲッティまたはスパゲッティーニ …… 160〜180g
　湯 ………………………………………… 2ℓ
　粗塩 …………………………………… 大さじ2
きのこ（マッシュルーム、エリンギ、しいたけなど）
　……………………………………… 合わせて200g
にんにく ……………………………………… 2〜3片
赤唐辛子 ……………………………………… 1本
オリーブオイル ……………………………… 適量
塩 …………………………………………… 少々

1. きのこは石づきをとり、フードプロセッサーに入れて撹拌してみじん切りにする。にんにくと赤唐辛子はみじん切りにする。
2. 深鍋に湯を沸かして塩を加え、パスタを入れてすぐにかき混ぜ、ゆではじめる。袋の表示時間より1〜2分短くタイマーをセットする。
3. フライパンまたは浅鍋にオリーブオイル大さじ3〜4、にんにくを入れて火にかけ、弱火でじっくりと炒めて香りを出す。
4. 1のきのこを加え、きのこが香ばしくなるまで炒める。きのこは油を吸うので、途中油がなくなってきたら随時足す。赤唐辛子を加えて軽く塩をふり、ふたをしてきのこのうまみを引き出すように蒸し煮にする。※この段階でパスタがゆで上がっていない場合はいったん火を止め、パスタを加える寸前に再び火にかける。
5. イタリアンパセリはみじん切りにする。
6. パスタがゆで上がったらトングでつかみ上げて4に加え、よくからめ、イタリアンパセリを加えて混ぜる。

ツナとミニトマトのパスタ

材料　2人分

スパゲッティまたはスパゲッティーニ ……	160〜180g
湯 ………………………………………	2ℓ
粗塩 ………………………………………	大さじ1½
ツナ（缶詰）……………………………………	小1缶
ミニトマト ………………………………………	10個
ケイパー ………………………………………	大さじ3
にんにく ………………………………………	1片
赤唐辛子 ………………………………………	2本
オリーブオイル ………………………………	適量
イタリアンパセリ ……………………………	適量

1. ミニトマトはヘタをとり、横半分に切ってからさらに縦半分に切り、指でギュッと絞って種をとり除く。ケイパーは塩気とうまみが残る程度に塩抜きし、刻む。にんにくはたたきつぶし、赤唐辛子は種をとって輪切りにする。
2. 深鍋に湯を沸かして塩を加え、パスタを入れてすぐにかき混ぜ、ゆではじめる。袋の表示時間より1〜2分短くタイマーをセットする。
3. フライパンまたは浅鍋にオリーブオイル大さじ2〜3とにんにくを入れて火にかけ、弱火でじっくりと炒めて香りを出し、赤唐辛子を加えて混ぜる。
4. ツナをオイルごと加えてほぐし、ケイパーを加えて炒め合わせ、ミニトマトを加える。※この段階でパスタがゆで上がっていない場合はいったん火を止め、パスタを加える寸前に再び火にかける。
5. イタリアンパセリはみじん切りにする。
6. パスタがゆで上がったらトングでつかみ上げて**4**に加え、よくからめる。仕上げにオリーブオイル少々を回し入れる。
7. 器に盛り、イタリアンパセリをふる。

海に囲まれた南イタリアのパスタにツナとトマトソース、
ケイパーの組み合わせがありますが、トマトソースではなく
フレッシュなミニトマトを使うのもおすすめ。
ミニトマトはトマトよりうまみがギュッと凝縮しているので、味も濃厚。
ツナ缶もオイルごと加え、それもうまみとして利用します。
赤唐辛子はちょっぴり多め、ケイパーは必須、これで味が締まります。

たらこソースのパスタ ボッタルガ風

材料　2人分

スパゲッティまたはスパゲッティーニ ……	160〜180g
湯 ……………………………………………………	2ℓ
粗塩 ………………………………………………	大さじ1
たらこ ………………………………………………	2腹
イタリアンパセリ …………………………………	適量
にんにく ……………………………………………	2片
赤唐辛子 ……………………………………………	1本
オリーブオイル ……………………………………	適量

1. 深鍋に湯を沸かして塩を加え、パスタを入れてすぐにかき混ぜ、ゆではじめる。袋の表示時間より1分ほど短くタイマーをセットする。

2. たらこは縦に切り目を入れ、包丁の背で身をこそげるようにして出し、薄皮をとり除く。イタリアンパセリはみじん切りにする。にんにくはみじん切りにし、赤唐辛子は種をとって輪切りにする。

3. フライパンまたは浅鍋にオリーブオイル大さじ3とにんにくを入れて火にかけ、ざっと混ぜてなじませ、あとは混ぜずに、弱火でじっくりと火を通す。

4. にんにくが色づいてきたらたらこを加え、白っぽくなってプチプチとするまでよく炒め、オリーブオイル少々と赤唐辛子を加えて少しのばす。※この段階でパスタがゆで上がっていない場合はいったん火を止め、パスタを加える寸前に再び火にかける。

5. パスタがゆで上がったらトングでつかみ上げて**4**に加え、よくからめ、水分が足りなければゆで汁少々を加える。イタリアンパセリを加えて混ぜる。

30年ほど前、まぐろのボッタルガがまだ日本にここまで普及していなかった頃、
たらこを使ってまぐろのボッタルガ風ができないかと考えて、生まれたレシピ。
にんにくの香りが移ったオイルでたらこをパリパリになるまでしっかりと炒め、赤唐辛子を利かせ、
オリーブオイルで少しのばせばたらこソースの完成。
好みでレモンを搾りかけてもおいしい。和風パスタとはまた違った味わいです。

うにのパスタ

1. 深鍋に湯を沸かして塩を加え、パスタを入れてすぐにかき混ぜ、ゆではじめる。袋の表示時間通りにタイマーをセットする。
2. ミニトマトはヘタをとって横半分に切る。
3. バットにうにを並べ、ミニトマトも入れ、塩を軽くふり、オリーブオイル大さじ2〜3を回しかけてマリネする。
4. イタリアンパセリはみじん切りにする。
5. パスタがゆで上がる前に、ザルをかませたボウルに冷水または氷水を入れておく。
6. パスタがゆで上がったらトングでつかみ上げて**5**に入れ、冷めるまでかき混ぜる。水気をきってボウルに入れ、オリーブオイル大さじ1を回しかけてあえる。
7. 器にパスタ適量を盛り、**3**のうにとミニトマトをヘラなどですくって適量のせ、イタリアンパセリをふる。さらにパスタ適量をのせ、うにとミニトマトを適量のせてイタリアンパセリをふる。

材料　2人分

スパゲッティーニまたはカッペリーニ ………………	140g
湯 ………………………………………………………	2ℓ
粗塩 ……………………………………………………	大さじ1
生うに …………………………………………………	200g
ミニトマト（小さいもの） …………………………	1パック
塩 ………………………………………………………	適量
オリーブオイル ………………………………………	適量
イタリアンパセリ ……………………………………	適量

日本のうにのおいしさは天下一品、パスタにも使ってみたくなります。おいしく作るポイントは、うにとミニトマトに
オリーブオイルと塩をふっておくこと、パスタは細めのものを用い、ゆでたら冷水や氷水で冷まし、水気をしっかりときること。
そして、せっかくのうにをできるだけくずしたくないので、ヘラなどですくうようにして盛りつけること。
うにの磯の香りとミニトマトの濃厚な甘さ、エキストラバージンオリーブオイルのグリーンな風味の妙を楽しみます。

からすみのパスタ

材料　2人分

スパゲッティーニ	160〜180g
湯	2ℓ
粗塩	大さじ1½
からすみ	½腹
にんにく	2片
赤唐辛子	小1本
イタリアンパセリ	適量
オリーブオイル	適量

1. 深鍋に湯を沸かして塩を加え、パスタを入れてすぐにかき混ぜ、ゆではじめる。袋の表示時間より1分ほど短くタイマーをセットする。
2. からすみは適当な大きさに切り、フードプロセッサーで攪拌して細かくする。にんにくはみじん切りにし、赤唐辛子は種をとってみじん切りにする。イタリアンパセリもみじん切りにする。
3. フライパンまたは浅鍋にオリーブオイル大さじ3とにんにくを入れて弱火にかけ、ざっと混ぜてなじませ、あとは混ぜずに、じっくりと火を通す。色づいてきたら赤唐辛子を加えて混ぜる。※この段階でパスタがゆで上がっていない場合はいったん火を止め、パスタを加える寸前に再び火にかける。
4. パスタがゆで上がったらトングでつかみ上げて3に加え、よくからめる。
5. からすみを加えてあえ、オリーブオイル少々を加える。
6. 器に盛り、イタリアンパセリをふる。

からすみは塩気とうまみのバランスがよく、コクと味わいがあり、「海のチーズ」と言われることもある食材。
そんなからすみをフードプロセッサーにかけて細かくし、パスタにからめ、キーンと冷えた白ワインとともにいただくのが最高。
作り方はp.14のアリオ・エ・オリオ・エ・ペペロンチーノからの展開ですが、とびっきりの贅沢です。

魚介のソース

ここでは魚介のうまみを生かすことが最大のテーマ。オリーブオイルで魚介を炒めたあと、
白ワインを加えてじっくりとうまみを引き出し、おいしいエキスをソースに移すことが不可欠です。
ゆでたてパスタをここに入れればそのソースをパスタが吸って
魚介のうまみを余すところなく味わうことができます。

シーフードとからすみのパスタ

1. いかは胴と足に分けて内臓をとり除き、胴は皮をとって1cm幅の輪切りにし、足は食べやすい長さに切る。

2. からすみはすりおろすかフードプロセッサーなどで撹拌して細かくする。にんにくはみじん切りにし、赤唐辛子は種をとってみじん切りにする。

3. 深鍋に湯を沸かして塩を加え、パスタを入れてすぐにかき混ぜ、ゆではじめる。袋の表示時間より2分強ほど短くタイマーをセットする。

4. フライパンまたは浅鍋にオリーブオイルとにんにくを入れて火にかけ、ざっと混ぜてなじませ、あとは混ぜずに、弱火でじっくりと火を通す。

5. にんにくが色づいてきたらえびとあさりを加えて火を強めてざっと炒め、いかを加えて炒め合わせる。白ワインを加えてアルコール分を飛ばし、赤唐辛子を加えて少し煮る。※この段階でパスタがゆで上がっていない場合はいったん火を止め、パスタを加える寸前に再び火にかける。

6. イタリアンパセリはみじん切りにする。

7. まだ芯が残っているくらいのパスタをトングでつかみ上げて5に加えてざっと混ぜ、からすみを加える。パスタにソースを吸わせながらよくからめ、パスタが程よいかたさになるように仕上げる。イタリアンパセリをふって混ぜる。

材料 2人分

スパゲッティーニ	160〜180g
湯	2ℓ
粗塩	大さじ1½
やりいか	小1ぱい
芝えび（むき身）	100g
あさり（むき身）	100g
からすみ	40g
にんにく	1片
赤唐辛子	小1本
オリーブオイル	大さじ2
白ワイン	½カップ
イタリアンパセリ	適量

いか、えび、あさりのうまみを白ワインのソースに含ませ、そのソースでパスタをあえた海の幸のパスタ。
これだけでも美味ですが、さらにからすみを加えるとおいしさ倍増。
むき身のえびやあさりを使っても、からすみが少しあれば味に深みが出ます。

魚介とホールトマトのパスタ

材料　2人分

スパゲッティーニ	160〜180g
湯	2ℓ
粗塩	大さじ1½
あさり（殻つき）	300〜400g
やりいか	小2はい
えび（無頭、殻つき）	6尾
にんにく	1片
赤唐辛子	1本
オリーブオイル	大さじ2〜3
白ワイン	½カップ
ホールトマト（缶詰）	3個くらい
塩	少々
イタリアンパセリ	適量

1. あさりの砂出しをする。あさりはバットに並べ、海水程度の濃度の塩水をあさりの半分くらいの高さまで入れてふたをし、一晩冷蔵庫に入れてしっかりと砂と汚れを出す。使う前によく洗う。

2. いかは胴と足に分けて内臓をとり除き、胴は皮をとって1cm幅の輪切りにし、足は食べやすい長さに切る。えびは背ワタと殻をとって3等分に切る。

3. にんにくはたたきつぶし、赤唐辛子は種をとってみじん切りにする。

4. フライパンまたは浅鍋にオリーブオイルとにんにくを入れて火にかけ、弱火でじっくりと火を通す。にんにくが色づいてきたらいかを加えて火を強めて炒め、赤唐辛子を加えて混ぜる。白ワインを加えてあさりとホールトマトを入れて混ぜ、ふたをして蒸し煮にする。

5. 深鍋に湯を沸かして塩を加え、パスタを入れてすぐにかき混ぜ、ゆではじめる。袋の表示時間より2分強ほど短くタイマーをセットする。

6. 4のあさりの口が開いたら、ふたをとって少し煮詰め、塩で味を調え、えびを加えて火を通す。※この段階でパスタがゆで上がっていない場合はいったん火を止め、パスタを加える寸前に再び火にかける。

7. イタリアンパセリはみじん切りにする。

8. まだ芯が残っているくらいのパスタをトングでつかみ上げて6に加え、パスタにソースを吸わせながらよくからめ、パスタがほどよいかたさになるように仕上げる。

9. 器に盛ってイタリアンパセリをふり、好みでオリーブオイル（分量外）を回しかける。

炒めたやりいかと殻つきのあさりをホールトマトとともにワイン蒸しにすると、いかもあさりもぷっくりとやわらかく火が通り、
ソースにもうまみが溶け出します。ここにえびを入れてさらにうまみを重ねると、なんとも言えぬおいしさ。
ゆでたてのパスタを加えてすべてのうまみを吸わせたら完成です。
パスタは細めのものを用いると、魚介そのもののおいしさが堪能できます。

ボンゴレ・ビアンコ > 作り方は p.54

あさりのパスタ2品

春から夏にかけてのあさりは身がしっかりとして濃厚なうまみがあり、パスタにするには最高の食材。おいしく作るポイントは、
あさりの口が開いたらすぐにパスタを入れるのではなく、ふたをしたまま少し煮てうまみをソースにじっくり移すこと。
パスタは6〜7割がたゆでてかたゆでにし、ソースを吸わせながらよくからめ、ちょうどよいかたさに仕上げること。
ボンゴレ・ビアンコ（白）、ボンゴレ・ロッソ（赤）、どちらも甲乙つけがたいおいしさ。
ボンゴレ・ロッソは、フレッシュトマト、特に味の濃いミニトマトで作るのが好みです。

ボンゴレ・ロッソ > 作り方は p.55

あさりのパスタ2品

ボンゴレ・ビアンコ

1. あさりは砂出しをする（p.50参照）。
2. にんにくは半分に切り、赤唐辛子はちぎって種をとる。
3. 深鍋に湯を沸かして塩を加え、パスタを入れてすぐにかき混ぜ、ゆではじめる。袋の表示時間より2分強ほど短くタイマーをセットする。
4. フライパンまたは浅鍋にオリーブオイル大さじ3とにんにくを入れて火にかけ、弱火でじっくりと火を通す。にんにくが色づいてきたら赤唐辛子とあさりを入れ、白ワインを加えてふたをし、蒸し煮にする。
5. あさりの口が開いたら、ふたをしたまま少し煮てうまみをソースに移す。※この段階でパスタがゆで上がっていない場合はいったん火を止め、パスタを加える寸前に再び火にかける。
6. イタリアンパセリはみじん切りにする。
7. 5の鍋の真ん中を空け、パスタがゆで上がったらトングでつかみ上げて真ん中に加え、パスタにソースを吸わせながらよくからめる。仕上げにオリーブオイル適量を回しかけ、イタリアンパセリをふる。

材料　2人分

スパゲッティーニ	160〜180g
湯	2ℓ
粗塩	大さじ1½
あさり（殻つき）	500g
にんにく	2片
赤唐辛子	2本
白ワイン	½カップ
オリーブオイル	適量
イタリアンパセリ	適量

ボンゴレ・ロッソ

材料　2人分

スパゲッティーニ	160〜180g
湯	2ℓ
粗塩	大さじ1½
あさり（殻つき）	500g
ミニトマト	1パック
にんにく	1〜2片
赤唐辛子	1本
白ワイン	½カップ
オリーブオイル	適量
イタリアンパセリ	適量

1. あさりは砂出しをする（p.50参照）。
2. ミニトマトはヘタをとって横半分に切る。にんにくは半分に切り、赤唐辛子はちぎって種をとる。
3. 深鍋に湯を沸かして塩を加え、パスタを入れてすぐにかき混ぜ、ゆではじめる。袋の表示時間より2分強ほど短くタイマーをセットする。
4. フライパンまたは浅鍋にオリーブオイル大さじ3とにんにくを入れて火にかけ、弱火でじっくりと火を通す。にんにくが色づいてきたら赤唐辛子とあさりを入れ、白ワインを加えてふたをし、蒸し煮にする。
5. あさりの口が開いてきたらミニトマトを加え、ミニトマトを木ベラでつぶしながら炒め、出てきた水分とソースをなじませる。※この段階でパスタがゆで上がっていない場合はいったん火を止め、パスタを加える寸前に再び火にかける。
6. イタリアンパセリはみじん切りにする。
7. 5の鍋の真ん中を空け、パスタがゆで上がったらトングでつかみ上げて真ん中に加え、パスタにソースを吸わせながらよくからめる。汁気が少ないようならパスタのゆで汁適量を加える。
8. 器に盛り、オリーブオイル適量を回しかけ、イタリアンパセリをふる。

秋から冬にかけてはかきが旬。特に寒い時期のかきは、頬張ると口いっぱいに広がる潮の香りと奥深いうまみがあり、
パスタにするときもそのよさを生かすに限ります。ポイントは、かきを炒めるときはオイルとにんにくを
からめながらぷっくりとするまで火を通し、フライパンについたうまみもこそげとるようにします。
味つけはシンプルに、さわやかなか香りのイタリアンパセリをちょっと。

かきのパスタ

材料　2人分

スパゲッティ ………………………………	160〜180g
湯 ………………………………	2ℓ
粗塩 ………………………………	大さじ1½
かき（加熱用）………………………………	12個くらい
にんにく ………………………………	大1片
赤唐辛子 ………………………………	1本
オリーブオイル ………………………………	大さじ2
白ワイン ………………………………	¼カップ
イタリアンパセリ ………………………………	少々

   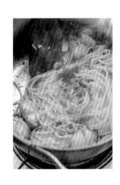

1. かきは目の粗いザルに入れて粗塩一つかみ（分量外）をまぶし、ザルをふってぬめりを出し、流水でふり洗いして水気をきる。

2. にんにくはみじん切りにし、赤唐辛子は種をとってみじん切りにする。

3. 深鍋に湯を沸かして塩を加え、パスタを入れてすぐにかき混ぜ、ゆではじめる。袋の表示時間より2分ほど短くタイマーをセットする。

4. フライパンまたは浅鍋にオリーブオイルとにんにくを入れて弱火にかけ、ざっと混ぜてなじませ、あとは混ぜずに、じっくりと火を通す。

5. にんにくが色づいてきたらかきを入れて炒め、ふっくらとしたら赤唐辛子を入れ、白ワインを加えて火を強めてアルコール分を飛ばす。※この段階でパスタがゆで上がっていない場合はいったん火を止め、パスタを加える寸前に再び火にかける。

6. イタリアンパセリはみじん切りにする。

7. パスタがゆで上がったらトングでつかみ上げて**5**に加え、パスタにソースを吸わせながらよくからめ、イタリアンパセリをふって混ぜる。

材料　作りやすい分量

パッケリ	250g
湯	2ℓ
粗塩	大さじ3
やりいか	小5はい
ミニトマト	1パック
にんにく	2〜3片
アンチョビー	4〜5枚
ケイパー（塩漬け）	大さじ2〜3
赤唐辛子	少々
オリーブオイル	大さじ2〜3
白ワイン	⅓カップ
イタリアンパセリ	適量

いかとトマトのパッケリ

1. いかは胴と足に分けて内臓をとり除き、胴は皮をとって1.5cm幅の輪切りにし、足は食べやすい長さに切る。ミニトマトはヘタをとって横半分に切る。ケイパーは塩気とうまみが残る程度に塩抜きする。にんにくはたたきつぶし、赤唐辛子は種をとってみじん切りにする。

2. 深鍋に湯を沸かして塩を加え、パスタを入れてすぐにかき混ぜ、ゆではじめる。袋の表示時間より2分ほど短くタイマーをセットする。鍋の底にパスタがくっつかないように、静かにゆでる。

3. フライパンまたは浅鍋にオリーブオイルとにんにくを入れて火にかけ、弱火でじっくりと炒め、アンチョビーを加えてつぶしながら炒める。赤唐辛子を入れ、いかを加えて炒め合わせる。

4. いかの色が変わったら白ワインを加えて火を強めてアルコール分を飛ばし、ミニトマトを入れて少し煮、ケイパーを加える。※この段階でパスタがゆで上がっていない場合はいったん火を止め、パスタを加える寸前に再び火にかける。

5. イタリアンパセリは粗みじん切りにする。

6. パスタがゆで上がったらゆで汁をきって**4**に加え、パスタにソースを吸わせながらあえる。

7. 器に盛り、イタリアンパセリをふる。

パッケリは南イタリア・グラニャーノ生まれの大きな管状のパスタで、ゆでるとぺちゃんこになり、
かめばかむほど小麦のうまみを感じることができるのが特徴。このパッケリと輪切りにしたいかを取り合わせると
同じようなサイズになり、ここに甘みの強いトマトも入れて仕上げるのが定番です。
ハーブはイタリアンパセリを使いましたが、好みでオレガノを入れても。

鯛のパスタ

材料　2人分

リングイーネまたはカッペリーニ …………	160〜180g
⎸湯 …………………………………………	2ℓ
⎸粗塩 ………………………………………	大さじ1

鯛の刺し身とスープ（作りやすい分量）

真鯛（下ごしらえしたもの*） …………………	1尾
真鯛のアラ …………………………………	1尾分
セロリの軸と葉 ……………………………	1本分
パセリ ………………………………………	適量
塩 ……………………………………………	少々
イタリアンパセリ ……………………………	適量
オリーブオイル ……………………………	適量

＊下ごしらえ……真鯛のうろこをとり、頭を落とし、内臓をとり除いてきれいに洗って水気を拭く。中骨に沿って3枚におろし、腹骨をすきとって背身と腹身に分け、血合い骨を薄くすきとり、皮をひく。鮮魚売り場でやってもらっても。

1. 鯛のスープをとる。鯛のアラは大きめの鍋に入れ、セロリの軸と葉、パセリ、かぶるくらいの水を加えて弱火にかけ、40〜50分静かに煮る。飲んでみて、鯛のおいしい味が出ていたら火を止め、さらしなどで漉す。塩で味を調える。

2. 鯛の身はそぎ切りにする。

3. 深鍋に湯を沸かして塩を加え、パスタを入れてすぐにかき混ぜ、ゆではじめる。袋の表示時間通りにタイマーをセットする。

4. イタリアンパセリは粗みじん切りにする。

5. パスタがゆで上がったらゆで汁をきって器に盛り、鯛の刺し身を数切れのせ、刺し身の上から熱々の鯛のスープを注ぐ。イタリアンパセリをふり、オリーブオイルを回しかける。

南イタリアのレストランで、体調が思わしくないので澄んだスープを、と頼んだら、魚でとったスープに
パスタを少し入れて出してくれたことがありました。それをヒントに作るようになったのが、この鯛のパスタ。
鯛のアラでスープをとり、身はそぎ切りにして具にします。ゆでたてのパスタを器に入れて鯛をのせ、
熱い澄んだスープを鯛の刺し身の上からかけ、オリーブオイルとイタリアンパセリをぱらり。
パスタは細めのもの、または断面が楕円形のリングイーネが味のからみがいいようです。

トマトのソース

トマトソースはフレッシュな生トマトを用いる場合もありますが、トマトのおいしさがギュッと詰まった
水煮缶で作るのがポピュラーです。トマトが主役なので、まずはトマトソースだけのパスタ、
チーズを加えただけのパスタ、赤唐辛子を入れたアラビアータを作るといいですね。
魚介や肉加工品などの動物性のうまみを重ねるとまた違ったおいしさが味わえます。

生トマトソースのパスタ

材料　2人分

スパゲッティ	160〜180g
湯	2ℓ
粗塩	大さじ1½
ミニトマト	3パック
にんにく	1片
オリーブオイル	大さじ3
バジル	適量
パルミジャーノ・レッジャーノ	適量

1. ミニトマトはヘタをとって横半分に切る。にんにくは たたきつぶす。
2. フライパンまたは浅鍋にミニトマトの切り口を下にし て並べ入れ、にんにくも入れ、オリーブオイルを回し かけてふたをし、弱火で煮る。
3. 深鍋に湯を沸かして塩を加え、パスタを入れてすぐに かき混ぜ、ゆではじめる。袋の表示時間より2分ほど 短くタイマーをセットする。
4. 2のトマトの皮がやわらかくなってグツグツとしてき たら、木ベラでトマトをつぶし、水分が飛んでとろり とするまで少し煮込む。※この段階でパスタがゆで上 がっていない場合はいったん火を止め、パスタを加え る寸前に再び火にかける。
5. パスタがゆで上がったらトングでつかみ上げて4に加 え、パスタをソースで煮るようにしてよくからめる。 様子をみてオリーブオイル少々（分量外）を加える。
6. 器に盛り、バジルをのせ、パルミジャーノをおろしか ける。

生のトマトでソースを作るなら、ミニトマトがおすすめ。皮の部分が多く、トマトのうまみは皮のすぐ下にあるからです。
煮込むと濃厚な味になり、贅沢な感じに仕上がります。ポイントは、ミニトマトの切り口を下にして鍋に並べ入れ、
果肉と果汁をオイルになじませること、木ベラでつぶしながらとろみがつくまで煮込むこと。
ゆでたてのパスタとあえるだけで、フレッシュさを感じるおいしい一皿になります。

2つのトマトソースを作る

トマトの果肉そのものを味わいたいときはp.62の生トマトソースがおすすめですが、いつでもおいしいパスタが作れるように、トマトソースのストックがあるといいですね。ここでは一般的なホールトマトで作る力強い味のトマトソース、ミニトマトの瓶詰を使った甘くて濃厚なチェリートマトソースを紹介します。どちらのソースも組み合わせる素材を選ばないので、使い分ける必要はありません。保存は、冷めたら空き瓶に入れて冷蔵庫、またはフリーザーバッグに入れて冷凍庫へ。

シンプルトマトソース

材料　作りやすい分量

ホールトマト（缶詰）	1缶
トマトパッサータ（粗漉しトマト。瓶詰）	500g×2瓶
にんにく	大1片
オリーブオイル	大さじ2〜3

※にんにくとオリーブオイルは入れなくてもOK。

1. ホールトマトはバーミックスなどで撹拌してなめらかにする。にんにくは半分に切る。
2. 鍋ににんにくとオリーブオイル、ホールトマト、トマトパッサータを入れて火にかけ、ときどき混ぜながら煮る。
3. 鍋底に木ベラの跡がつくくらいまで煮詰めたら火を止める。

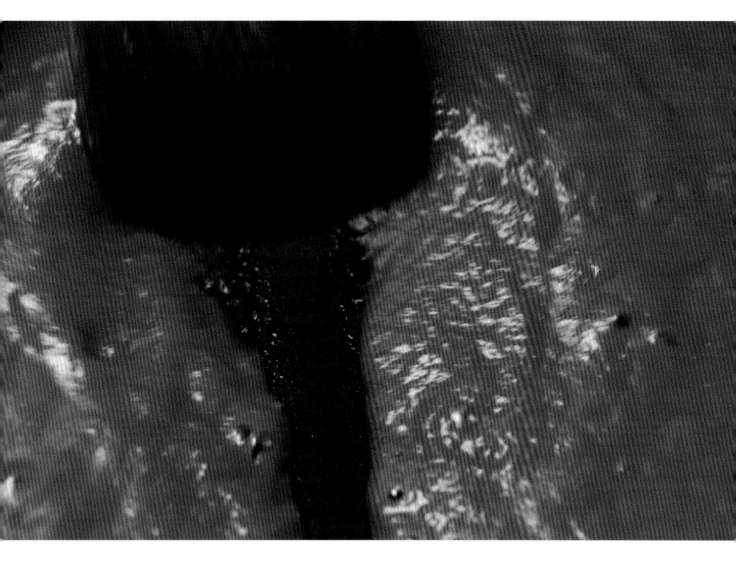

チェリートマトソース

材料　作りやすい分量

チェリートマトソース*（瓶詰）・・・・・・・・・・・・・ 1瓶（330g）

ピエンノロトマト**（水煮瓶詰）・・・・・・・・・・・ 1瓶（520g）

*チェリートマトソース……シチリア産の完熟ミニトマトが原料の、甘みが詰まったトマトソース。ネットなどで購入可。
**ピエンノロトマト……ナポリ特産の古い品種のミニトマト。とんがり頭を持ったミニトマトで、皮は分厚く、濃厚な果実味が特徴。ネットなどで購入可。

1. ピエンノロトマトはムーラン（裏ごし器）を使って皮が薄くなるまで裏ごしする。

2. 鍋に1とチェリートマトソースを入れて火にかけ、ときどき混ぜながら煮る。鍋底に木ベラの跡がつくくらいまで煮詰めたら火を止める。

モッツァレラとトマトソースのパスタ

材料　2人分

スパゲッティ	………………………	160〜180g
湯	……………………………………	2ℓ
粗塩	………………………………	大さじ1½〜2
モッツァレラチーズ	………………………	1個
トマトソース(p.64〜65参照)	………………	⅔カップ
オリーブオイル	…………………………	少々
パルミジャーノ・レッジャーノ	…………	適量
バジル	…………………………………	適量

1. 深鍋に湯を沸かして塩を加え、パスタを入れてすぐにかき混ぜ、ゆではじめる。袋の表示時間より2分ほど短くタイマーをセットする。

2. モッツァレラは一口大に切る。

3. フライパンまたは浅鍋にトマトソースとオリーブオイルを入れて火にかけて温める。※この段階でパスタがゆで上がっていない場合はいったん火を止め、パスタを加える寸前に再び火にかける。

4. パスタがゆで上がる直前にモッツァレラを加え、ゆで上がったパスタをトングでつかみ上げて加え、モッツァレラが少し溶けてくるまで混ぜる。

5. 器に盛り、パルミジャーノをおろしかけ、バジルを添える。

自家製のトマトソースはそれだけでも十分おいしいですが、ここにモッツァレラチーズを加えるのもおすすめ。
ゆでたてのパスタと一緒にトマトソースであえて、モッツァレラチーズが少し溶けてきたら食べ頃。
パルミジャーノもかけて、バジルの香りを添えて、間髪入れずにいただきましょう。

ペンネ・アラビアータ

  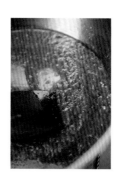 

材料　作りやすい分量

ペンネ	160〜180g
湯	2ℓ
粗塩	大さじ1½
にんにく	1〜2片
赤唐辛子	2〜3本
オリーブオイル	大さじ2
トマトソース（p.64〜65参照）	⅔カップ
塩	少々
パルミジャーノ・レッジャーノ（すりおろし）	適量
バジル	適量

1. 深鍋に湯を沸かして塩を加え、パスタを入れてすぐにかき混ぜ、ゆではじめる。袋の表示時間より1分ほど短くタイマーをセットする。
2. にんにく、赤唐辛子はみじん切りにする。
3. フライパンまたは浅鍋にオリーブオイルとにんにくを入れて弱火にかけ、ざっと混ぜてなじませ、あとは混ぜずに、じっくりと火を通す。
4. 赤唐辛子を加え、トマトソースを入れて少し煮詰め、塩をふる。※この段階でパスタがゆで上がっていない場合はいったん火を止め、パスタを加える寸前に再び火にかける。
5. パスタがゆで上がったらゆで汁をきって4に加え、よくからめる。
6. 器に盛り、パルミジャーノをかけ、バジルをのせる。

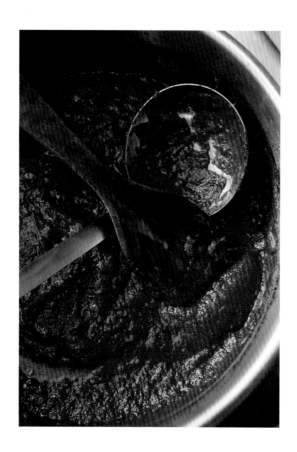

「怒る」という意味のアラビアーレが料理名になった一皿で、赤唐辛子の効いた真っ赤なトマトソースが思わずカッとなるほど
辛いのがゆえん。シンプルですがパンチのあるソースなので、モチモチッとして食べ応えのあるペンネがよく合います。
おいしさのポイントは、ソースに塩を少し加えて仕上げること。味がしまって、辛いだけのソースではなくなります。

揚げなすとトマトソースのパスタ

材料　2人分

スパゲッティ ………………………………	160〜180g
湯 …………………………………………	2ℓ
粗塩 ……………………………………	大さじ1½
なす ………………………………………	3本
揚げ油（オリーブオイル）………………	適量
にんにく …………………………………	大1片
赤唐辛子 …………………………………	1本
ケイパー（塩漬け）………………………	大さじ1
オリーブオイル …………………………	大さじ2〜3
トマトソース（p.64〜65参照）…………	⅔カップ
オレガノ …………………………………	適量
パルミジャーノ・レッジャーノ（すりおろし）……	適量

1. なすはヘタをとって小さめの一口大に切り、1本分ずつ高温に熱した揚げ油に入れ、なすの角が色づくまで揚げる。角ザルにとって油をきる。

2. にんにくはみじん切りにし、赤唐辛子は種をとって輪切りにする。ケイパーは塩気とうまみが残る程度に塩抜きし、刻む。

3. 深鍋に湯を沸かして塩を加え、パスタを入れてすぐにかき混ぜ、ゆではじめる。袋の表示時間より2分ほど短くタイマーをセットする。

4. フライパンまたは浅鍋にオリーブオイルとにんにくを入れて弱火にかけ、ざっと混ぜてなじませ、あとは混ぜずに、じっくりと火を通す。

5. ケイパー、なす、赤唐辛子を加えて炒め、トマトソースを加えて少し煮詰める。※この段階でパスタがゆで上がっていない場合はいったん火を止め、パスタを加える寸前に再び火にかける。

6. パスタがゆで上がったらトングでつかみ上げて5に加え、よくからめる。

7. 器に盛ってオレガノをのせ、パルミジャーノを添える。

 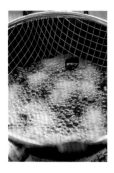   

なすとトマトソースは好相性ですが、ここではなすを角切りにして香ばしく揚げ、
トマトソースに加えます。香ばしく揚げるには、なすを1本分ずつ揚げるのがおすすめ。
一度にたくさん入れると油の温度が下がり、角が色づく前に油を吸いすぎて
ベチャッとしてしまいます。仕上げには清涼感のあるオレガノを。

たことオリーブのトマトソースパスタ

材料　2人分

リングイーネ	140〜160g
湯	2ℓ
粗塩	大さじ1½
ゆでだこの足	大1本
にんにく	1片
赤唐辛子	1本
ケイパー（塩漬け）	大さじ1
オリーブ（塩漬け。種なし）	12個くらい
オリーブオイル	大さじ2〜3
トマトソース（p.64〜65参照）	½カップ
塩	少々
ナンプラー	適量
イタリアンパセリ	適量

1. たこはごく薄く切る。にんにくはみじん切りにし、赤唐辛子は種をとって輪切りにする。ケイパーとオリーブは塩気とうまみが残る程度に塩抜きする。

2. 深鍋に湯を沸かして塩を加え、パスタを入れてすぐにかき混ぜ、ゆではじめる。袋の表示時間より2分ほど短くタイマーをセットする。

3. フライパンまたは浅鍋にオリーブオイルとにんにくを入れて弱火にかけ、ざっと混ぜてなじませ、あとは混ぜずに、じっくりと火を通す。

4. にんにくがうっすら色づいてきたら、たこを加えて炒め、ケイパー、赤唐辛子、トマトソースを加えて少し煮詰め、オリーブを加える。塩、ナンプラーで味を調える。※この段階でパスタがゆで上がっていない場合はいったん火を止め、パスタを加える寸前に再び火にかける。

5. イタリアンパセリはみじん切りにする。

6. パスタがゆで上がったらトングでつかみ上げて4に加え、汁気が少なければトマトソースかパスタのゆで汁を適量加え、よくからめる。

7. 器に盛ってイタリアンパセリを散らし、オリーブオイル（分量外）を回しかける。

たこ、オリーブ、トマトソースの取り合わせはイタリアではポピュラー。ここではゆでだこを用い、
ソースとからみやすいように薄切りにします。オリーブは、穏やかな風味のブラックオリーブと
塩気と渋みがやや強いグリーンオリーブの両方を。味をみてナンプラーを足すのもポイント。
ナンプラーは魚醤なので、少し加えると潮の香りが加わってコクとうまみが出ます。赤唐辛子を増量して辛くしても。

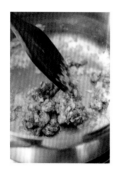  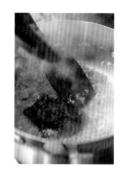  

材料　2人分

トルティリオーニなどの太めのショートパスタ
································· 140～160g

| 湯 ································· 2ℓ
| 粗塩 ································· 大さじ1½
サルシッチャ ································· 4本
玉ねぎ ································· 大¼個
にんにく ································· 1片
オリーブオイル ································· 大さじ2～3
ブランデー ································· 大さじ2
トマトソース (p.64～65参照) ················· ½カップ
粗塩 ································· 少々
生クリーム ································· 大さじ2～3

1. サルシッチャは腸詰の皮から出して手でちぎる。玉ねぎ、にんにくはみじん切りにする。

2. 深鍋に湯を沸かして塩を加え、パスタを入れてすぐにかき混ぜ、ゆではじめる。袋の表示時間より1分ほど短くタイマーをセットする。

3. フライパンまたは浅鍋にオリーブオイル、にんにく、玉ねぎを入れて火にかけ、玉ねぎが透き通るまでよく炒める。サルシッチャを加え、木ベラでつぶすようにしながらさらに炒める。

4. ブランデーを加えて混ぜ、トマトソース、塩を加えて少し煮る。

5. 生クリームを加えて混ぜ合わせる。※この段階でパスタがゆで上がっていない場合はいったん火を止め、パスタを加える寸前に再び火にかける。

6. パスタがゆで上がったらゆで汁をざっときって5に加え、よくからめる。

サルシッチャのトマトクリームパスタ

サルシッチャはイタリアの生ソーセージ。そのまま焼いて食べてもおいしいですが、
ここでは皮を除いてパスタの具材として使います。サルシッチャにはスパイスやハーブも配合されているので
独特のうまみがあり、余分な味つけをしなくてもOK。ソースは濃厚なものが合うので、
トマトマトソースと生クリームを合わせ、ブランデーで風味と奥行きのある味わいに仕立てます。
パスタはトルティリオーニなどの太めのものを組み合わせるといいですね。

豚肉トマトソース煮とパスタ

材料　2人分

豚肩ロース肉（かたまり）	1kg
豚肉の下味	
塩、粗びき黒こしょう	各適量
にんにくのすりおろし	1片分
ローズマリー	適量
セロリの葉の部分	1本分
玉ねぎ	1個
セロリ	1本
オリーブオイル	適量
トマトパッサータ（粗漉しトマト。瓶詰）	700g×2瓶
白ワイン	2カップ
塩	適量
ペンネ	160～180g
湯	2ℓ
粗塩	大さじ1
パルミジャーノ・レッジャーノ（すりおろし）	適量
彩り野菜のサラダ*	適量

1. 豚肉のトマトソース煮を作る。豚肉は下味の材料をまぶして2～3時間（できれば一晩）おく。
2. 玉ねぎ、セロリはみじん切りにする。
3. 鍋（オーブン使用可のもの）にオリーブオイルを入れて火にかけ、**1**の豚肉を入れ、上下と側面を焼きつける。いったんとり出す。
4. **3**の鍋に玉ねぎとセロリを入れて炒め、鍋底についた焼き焦げをこそげるようにして色づいてくるまでよく炒め、甘みとうまみを出す。
5. 豚肉を戻し入れ、下味で使ったセロリの葉やローズマリーを入れ、トマトパッサータと白ワインを加える。ふたをして天板にのせ、150℃のオーブンで3～4時間煮る。オーブンを使わず、直火でソースが少しフツフツするくらいの火加減で煮てもよい。
6. 豚肉に竹串を刺してみてスーッと通るくらいになったら、オーブンから出して直火にかけ、ときどきソースを豚肉にかけながら少し煮詰めてとろみをつける。塩で味を調える。
7. 深鍋に湯を沸かして塩を加え、パスタを入れてすぐにかき混ぜ、ゆではじめる。袋の表示時間より1分ほど短くタイマーをセットする。
8. **6**の鍋から豚肉を取り出し、食べやすい厚さに切って器に盛り、トマトソース適量をかける。塩を添える。
9. パスタがゆで上がったらゆで汁をきってボウルに入れ、パルミジャーノを加えてからめる。**6**のトマトソース適量を加えてあえ、器に盛る。
10. 豚肉のトマトソース煮、パスタのトマトソース、サラダを、各自取り分けていただく。

＊彩り野菜のサラダの作り方

1. きゅうりは1cm幅の小口切り、パプリカ（赤、黄）とトレビスは一口大、セロリと紫玉ねぎは薄切り、ミニトマトはヘタをとって縦半分に切る。
2. さやいんげんは塩ゆでにして食べやすい長さに切り、スナップえんどうは筋をとって塩ゆでにする。
3. ボウルにワインビネガー、塩、粗びき黒こしょうを入れて混ぜ、オリーブオイルを加えて混ぜ合わせる。ワインビネガーとオリーブオイルは1対3の割合。
4. **3**のボウルに**1**と**2**の野菜を加えてよくあえる。ドレッシングは、あえたあとにボウルの底にたまらない程度の量がベスト。

イタリア・アッシジで震災があったとき、近所に住む方のお宅でいただいたのがこの料理。
豚かたまり肉をトマトソースで煮込み、肉のエキスたっぷりのソースをパスタとあえて2品が完成。
「煮込み料理のソースを活用しただけのパスタだから簡単だよ」とのことでしたが、素敵なアイデアだと感心しました。
野菜たっぷりのサラダを添えれば、立派なご馳走です。

チーズ、バター、クリームのソース

北イタリアは乳製品の宝庫、チーズやバター、生クリームが主役のパスタも数知れず。
パルミジャーノとオリーブオイルをあえただけのもの、バターの風味が鼻をくすぐる軽やかなもの、
生クリームとチーズを使ったコクのあるものなどあり、使うチーズの種類や組み合わせで個性的なソースになります。
ここではベシャメルソースを使ったグラタンも紹介します。

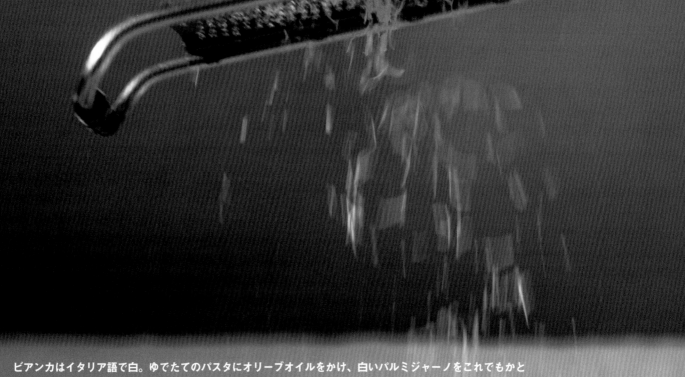

ビアンカはイタリア語で白。ゆでたてのパスタにオリーブオイルをかけ、白いパルミジャーノをこれでもかと
山盛りかけていただくシンプルパスタ。パルミジャーノは、すりおろして時間がたったものを使うのではなく、おろしたてをかけること。
これだけで味も香りもまったく違うものになります。

パスタ・ビアンカと同様、乳製品とパスタだけで作る一皿。フライパンにバターを入れて火にかけ、
バターが溶けたところで生クリームを投入。少しフツフツする火加減でとろりとしてくるまで煮詰めてソースにします。
ゆでたてのパスタを加えてからパルミジャーノを入れて完成。
クリーミーで濃厚。好みでこしょう、シナモン、ナツメグなどで風味をつけても。

チーズクリームのパスタ

材料　2人分

フェットチーネ	140〜160g
湯	2ℓ
粗塩	大さじ1〜1½
バター	40g
生クリーム	1パック
パルミジャーノ・レッジャーノ (すりおろし)	大さじ5〜6

1. 深鍋に湯を沸かして塩を加え、パスタを入れてすぐにかき混ぜ、ゆではじめる。袋の表示時間より1分ほど短くタイマーをセットする。

2. フライパンまたは浅鍋にバターを入れて火にかけ、バターが溶けたら生クリームを加えて煮る。鍋底に木ベラの跡がつくくらいまで煮詰める。※この段階でパスタがゆで上がっていない場合はいったん火を止め、パスタを加える寸前に再び火にかける。

3. パスタがゆで上がったらトングでつかみ上げて2に加え、よくからめる。パルミジャーノを加えて混ぜる。

4. 器に盛り、さらに好みでパルミジャーノ (分量外) をおろしかける。

パスタ・ビアンカ

材料　2人分

スパゲッティ	160〜180g
湯	2ℓ
粗塩	大さじ1½
オリーブオイル	大さじ1〜2
パルミジャーノ・レッジャーノ (すりおろし)	たっぷり

1. 深鍋に湯を沸かして塩を加え、パスタを入れてすぐにかき混ぜ、ゆではじめる。袋の表示時間より1分ほど短くタイマーをセットする。

2. パスタがゆで上がったらトングでつかみ上げて器に盛り、オリーブオイルを回しかけ、パルミジャーノをおろしかける。全体にからめていただく。

カルボナーラ

材料　2人分

スパゲッティ	160〜180g
湯	2ℓ
粗塩	大さじ1½
ベーコン（かたまり）	80〜90g
卵黄	4個分
パルミジャーノ・レッジャーノ	60g
黒粒こしょう	適量
オリーブオイル	大さじ2〜3

1. ベーコンは5mm角の棒状に切る。卵黄は溶きほぐす。パルミジャーノはすりおろす。こしょうはたっぷりとひいておく。

2. 深鍋に湯を沸かして塩を加え、パスタを入れてすぐにかき混ぜ、ゆではじめる。袋の表示時間より2分ほど短くタイマーをセットする。

3. フライパンまたは浅鍋にオリーブオイルを入れて火にかけ、ベーコンを加え、ベーコンから脂が出てカリッとするまで炒める。1のこしょう適量を加える。※この段階でパスタがゆで上がっていない場合はいったん火を止め、パスタを加える寸前に再び火にかける。

4. パスタがゆで上がったらトングでつかみ上げて3に加え、パルミジャーノも入れてよくからめ、こしょう適量を加えて混ぜる。

5. 火を止め、卵黄を加えて手早くあえ、ほどよく火を通す。

6. 器に盛り、さらにこしょう適量をかけ、好みでパルミジャーノ適量（分量外）をおろしかける。

イタリアではカルボナーラに生クリームを入れず、チーズ、卵、ベーコンだけで作ります。
上手に作るポイントは、火を止めて卵黄を加えたら手早く混ぜること。
余熱で火が入りすぎないようにすぐに器に盛って粗びき黒こしょうをたっぷりとふって仕上げます。
ちなみにカルボナーラはイタリア語で炭焼き職人のこと。黒こしょうが炭の粉に見えるので名づけられたそう。

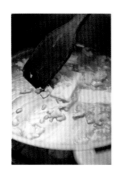  

カリフラワーとブルーチーズのパスタ

材料 2人分

ペンネ	140g
┃ 湯	2ℓ
┃ 粗塩	大さじ1〜1½
カリフラワー	½個
玉ねぎ	¼個
バター	25〜30g
白ワイン	大さじ1
野菜のスープ*	1カップ
生クリーム	大さじ2
ブルーチーズ	40〜50g
パルミジャーノ・レッジャーノ	適量

*野菜のスープ……にんじん、セロリ(葉を含む)、玉ねぎ、パセリなどの香味野菜を輪切りやざく切りにし、ひたひたの水とともに火にかけ、煮立ったらアクをとって弱火で20分ほど煮、ザルなどで漉す。

1. カリフラワーは小房に分け、大きいものは薄切りにする。玉ねぎは粗みじん切りにする。
2. 深鍋に湯を沸かして塩を加え、パスタを入れてすぐにかき混ぜ、ゆではじめる。袋の表示時間通りにタイマーをセットする。
3. フライパンまたは浅鍋にバターを入れて火にかけ、バターが溶けてきたら玉ねぎを加えて透き通るまで炒め、カリフラワーを加えて炒める。白ワインをふり、野菜のスープを加え、ふたをして蒸し煮にする。
4. カリフラワーがやわらかくなったらふたをとって木ベラでつぶし、生クリームを加えて少し煮る。※この段階でパスタがゆで上がっていない場合はいったん火を止め、パスタを加える寸前に再び火にかける。
5. ブルーチーズは手で適当な大きさにほぐす。
6. パスタがゆで上がったらゆで汁をきって4に加え、よくからめ、ブルーチーズを加えて混ぜる。
7. 器に盛り、パルミジャーノをおろしかける。

甘みのある野菜と塩気のあるブルーチーズでいただく、ボリュームのある味わいのパスタです。
カリフラワーは白ワインと野菜スープで蒸し煮にするとおいしさが際立ち、生クリームを少し加えることでコクが出て、
ブルーチーズとの味のバランスがよくなります。ブルーチーズはここではゴルゴンゾーラを使いましたが、好みのもので構いません。
野菜のスープはできれば自分でとったものを。

クルミとリコッタチーズのパスタ

材料　2人分

ペンネ	140g
湯	2ℓ
粗塩	大さじ1〜1½
クルミ	大8個
リコッタチーズ	250g
バター	20〜30g
生クリーム	大さじ3
パルミジャーノ・レッジャーノ	適量

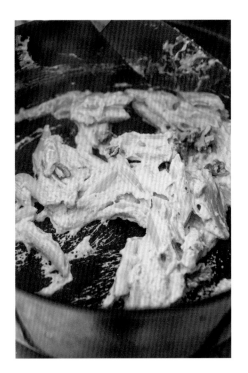

1. 深鍋に湯を沸かして塩を加え、パスタを入れてすぐにかき混ぜ、ゆではじめる。袋の表示時間通りにタイマーをセットする。

2. クルミは殻を割って実をとり出し、3個分は手で適当に割ってそのままとりおく。残り5個分はフードプロセッサーなどで撹拌して粗めのペースト状にし、リコッタチーズを加えてさらに撹拌し、クルミリコッタクリームにする。

3. フライパンまたは浅鍋にバターを入れて火にかけ、バターが溶けてきたら生クリームを加えて一煮し、2のクルミリコッタクリームの⅕〜¼量を加えてのばす。
※この段階でパスタがゆで上がっていない場合はいったん火を止め、パスタを加える寸前に再び火にかける。

4. パスタがゆで上がったらゆで汁をきって3に加え、残りのクルミリコッタクリーム、割っておいたクルミを加え、よくからめる。水分が足りないようなら生クリーム少々（分量外）を加える。

5. 器に盛り、パルミジャーノをおろしかける。

クルミとリコッタチーズで作るクルミリコッタクリームがベース。フライパンにバターを溶かして生クリームを少し混ぜ、
ここにクルミリコッタクリームを加えてソースのできあがり。リッチな味わいなので、ペンネまたは太めのロンパスタがよく合います。
大事なのは、殻つきでおいしいクルミを買い求め、殻を割って使うこと。私は日本では長野の信州クルミを使っています。

オレンジとミントのパスタ > 作り方は p.88

柑橘の香りを楽しむパスタ2品

南イタリア、地中海の太陽をたっぷり浴びて育ったレモンやオレンジの産地では、柑橘のパスタもポピュラー。
オレンジのパスタはその色と香り、甘みを最大限に生かし、バターとミントと取り合わせて軽やかに仕上げます。
レモンのパスタは、レモンのさわやかな酸味を生クリームに移し、クリーミーな味に仕上げます。
レモンはよく熟した黄色いレモンを使うこと。どちらもキリッと冷えた白ワインに合わせたくなるパスタです。

レモンのクリームパスタ > 作り方は p.89

柑橘の香りを楽しむパスタ2品

オレンジとミントのパスタ

材料　2人分

フェットチーネ	150g
湯	2ℓ
粗塩	大さじ1½
オレンジ	2個
バター	30g
パルミジャーノ・レッジャーノ（すりおろし）	適量
ミント	少々

1. オレンジはよく洗い、1個は半分に切って果汁を搾る。もう1個は皮のオレンジ色の部分だけをすりおろし、白いワタの部分を切り落とし、実と薄皮の間に包丁で切り込みを入れ、実だけをとる。
2. 深鍋に湯を沸かして塩を加え、パスタを入れてすぐにかき混ぜ、ゆではじめる。袋の表示時間より1分ほど短くタイマーをセットする。
3. フライパンまたは鍋にバター20gとオレンジの皮のすりおろしを入れて火にかけ、バターが溶けてきたらオレンジ果汁を加え、バターとなじませながら煮る。※この段階でパスタがゆで上がっていない場合はいったん火を止め、パスタを加える寸前に再び火にかける。
4. パスタがゆで上がったらトングでつかみ上げて3に加えてからめ、バター10gを足し、パスタにソースを吸わせるようにしながらあえる。
5. 汁気がほぼなくなったらパルミジャーノを加えて混ぜる。
6. オレンジの実と合わせて器に盛り、ミントの葉を摘んで散らす。

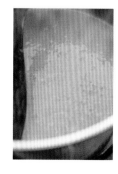

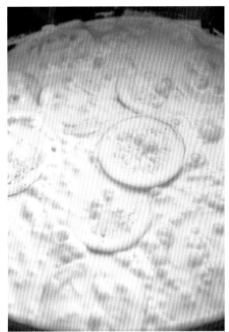

レモンのクリームパスタ

材料　2人分

スパゲッティまたはスパゲッティーニ …… 160〜180g
　湯 ………………………………………………… 2ℓ
　粗塩 …………………………………… 大さじ1½
レモン（国産） ……………………………………… 1個
レモン（国産）の皮の部分 ……………………… ½個分
生クリーム ……………………………………… 1パック
パルミジャーノ・レッジャーノ（すりおろし）
　……………………………………………… ½カップ
粗びき黒こしょう ……………………………………… 適量

1. 深鍋に湯を沸かして塩を加え、パスタを入れてすぐにかき混ぜ、ゆではじめる。袋の表示時間より1分ほど短くタイマーをセットする。
2. レモン1個は薄切りにする。
3. フライパンまたは鍋に2のレモンを入れ、生クリームを注ぎ入れて火かけ、焦げないように混ぜながら弱火で煮る。レモンがスカスカになって皮以外の部分がなくなるまで煮たら、レモンをとり除く。※この段階でパスタがゆで上がっていない場合はいったん火を止め、パスタを加える寸前に再び火にかける。
4. パスタがゆで上がったらゆで汁をきって3に加えてからめ、パルミジャーノを加えてよくあえる。
5. 器に盛り、レモンの皮のレモン色の部分だけをおろしかけ、こしょうをふる。

アスパラクリームのパスタ

材料　2人分

ペンネ	140〜160g
┃湯	2ℓ
┃粗塩	大さじ1½
アスパラガス	太いもの7〜8本
玉ねぎ	½個
バター	15g
白ワイン	大さじ2
生クリーム	⅔〜1カップ
パルミジャーノ・レッジャーノ	適量
粗びき黒こしょう	適量

1. アスパラガスは根元に近い部分の皮をピーラーでむき、3等分の長さに切る。玉ねぎはみじん切りにする。

2. パスタをゆでる用の深鍋に湯を沸かして塩を加え、アスパラガスの穂先の部分以外を入れて色よくゆで、とり出す。続いて、穂先の部分を半分に切って入れて色よくゆで、とり出す。穂先以外の部分は1cm幅の小口切りに切る。

3. 2の鍋にパスタを入れてすぐにかき混ぜ、ゆではじめる。袋の表示時間通りにタイマーをセットする。

4. フライパンまたは鍋にバターを入れて火にかけ、バターが溶けたら玉ねぎを加えて弱火で炒める。玉ねぎが透き通ってきたら小口切りにしたアスパラガスを加えて炒め合わせ、白ワインをふって火を強めてアルコール分を飛ばす。パスタのゆで汁大さじ2〜3を入れ、生クリームを加えて弱火で煮る。

5. アスパラガスがやわらかくなったらバーミックスで撹拌してなめらかなクリーム状にする。

6. アスパラガスの穂先を加え、食感を残す程度に煮る。※この段階でパスタがゆで上がっていない場合はいったん火を止め、パスタを加える寸前に再び火にかける。

7. パスタがゆで上がったらゆで汁をきって6に加え、よくからめる。

8. 器に盛ってパルミジャーノをおろしかけ、こしょうをふる。

ゆでたアスパラガスを生クリームと合わせてソースにすると、アスパラガスの香りと甘みはそのままに、
若草色のきれいなソースになります。ソースがからまりやすいペンネとあえると、それだけでご馳走。
穂先はあえてソースに使わず、ペンネと一緒にあえるとアスパラガスの食感も楽しめます。
パルミジャーノをかけるとさらにうまみが倍増します。

そら豆クリームのパスタ

1. そら豆はさやからとり出して薄皮をむく。玉ねぎはみじん切りにする。
2. 深鍋に湯を沸かして塩を加え、パスタを入れてすぐにかき混ぜ、ゆではじめる。袋の表示時間通りにタイマーをセットする。
3. フライパンまたは鍋にバターとオリーブオイルを入れて火にかけ、バターが溶けたら玉ねぎを加えて弱火で炒める。玉ねぎが透き通ってきたらそら豆を加えて炒め合わせ、白ワインをふって火を少し強めてアルコール分を飛ばす。生クリーム⅓カップを加えてふたをし、弱火で蒸し煮にし、そら豆に火を通す。
4. 3のそら豆の半量をフードプロセッサーに入れて撹拌し、ペースト状にする。
5. 3の鍋に戻し入れ、生クリーム⅓〜⅔カップを加えてのばす。※この段階でパスタがゆで上がっていない場合はいったん火を止め、パスタを加える寸前に再び火にかける。
6. パスタがゆで上がったらゆで汁をきって5に加え、よくからめる。
7. 器に盛り、パルミジャーノをおろしかける。

材料　2人分

ペンネ、フジッリ	合わせて140〜160g
湯	2ℓ
粗塩	大さじ1½
そら豆（さやつき）	15本
玉ねぎ	¼個
バター	15g
オリーブオイル	大さじ1½
白ワイン	大さじ2〜3
生クリーム	⅔〜1カップ
パルミジャーノ・レッジャーノ	適量

旬のそら豆のおいしさは格別で、このパスタも春になると作りたくなる料理の一つです。
そら豆はさやと薄皮をとって、オリーブオイルとバターで炒め、白ワインと生クリームで蒸し煮に。
そのうち半量はそら豆クリームにし、残り半量はホクホク感を楽しめるように形のまま残します。
使いかけのペンネとフジッリを合わせてみたら、愛らしい印象になりました。

きのこのクリームパスタ

材料　2人分

ペンネ …………………………………	160〜180g
湯 ……………………………………	2ℓ
粗塩 …………………………………	大さじ1½
しいたけ ………………………………	18個
バター …………………………………	20〜30g
オリーブオイル ………………………	大さじ2
粗びき黒こしょう ……………………	適量
生クリーム ……………………………	1パック
ローズマリー …………………………	少々
パルミジャーノ・レッジャーノ ……	適量

1. しいたけは石づきをとってカサの部分に十字に切り目を入れ、手で4つにさく。小さいものは半分にさく。

2. 深鍋に湯を沸かして塩を加え、パスタを入れてすぐにかき混ぜ、ゆではじめる。袋の表示時間通りにタイマーをセットする。

3. フライパンまたは浅鍋にバターとオリーブオイルを入れて火にかけ、バターが溶けたらしいたけを加え、こしょうをふって炒める。

4. しいたけに火が通って色づいてきたら生クリームを加え、ローズマリーの葉を摘んで加え、とろみがつくまで煮詰める。※この段階でパスタがゆで上がっていない場合はいったん火を止め、パスタを加える寸前に再び火にかける。

5. パスタがゆで上がったらゆで汁をきって4に加え、よくあえ、パルミジャーノをすりおろして加えてからめる。

6. 器に盛り、さらに好みでパルミジャーノをおろしかける。

きのこのパスタはp.36〜39で紹介したようにオリーブオイルとの相性もいいですが、
もう一つ、はずせないのがこのクリームパスタ。バターとオリーブオイルで炒めることできのこの香りとうまみを出し、
生クリームで煮ることでそのうまみをソースの中に閉じ込めます。ローズマリーをほんの少し加えることで風味が深まります。

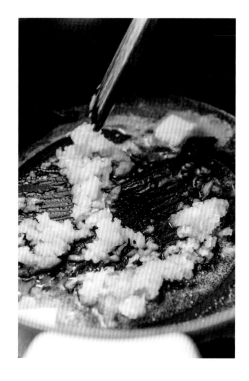

えびのトマトクリームパスタ

1. えびは背に切り込みを入れて背ワタをとり、頭と殻、尾がついたまま3〜4等分に切る。玉ねぎはみじん切りにする。

2. 深鍋に湯を沸かして塩を加え、パスタを入れてすぐにかき混ぜ、ゆではじめる。袋の表示時間より1分ほど短くタイマーをセットする。

3. フライパンまたは浅鍋にバターとオリーブオイルを入れて火にかけ、バターが溶けてきたら玉ねぎを加えて弱火で焦がさないように炒める。

4. えびを加えて香ばしく炒め、えびに火が通ったら殻と尾の部分をとり除く。頭の部分はそのまま残す。

5. 生クリームを加えて混ぜながら少し煮、トマトソースを加えて少し煮詰め、軽く塩味をつける。※この段階でパスタがゆで上がっていない場合はいったん火を止め、パスタを加える寸前に再び火にかける。

6. パスタがゆで上がったらトングでつかみ上げて5に加え、よくからめる。

材料　2人分

リングイーネ	160〜180g
湯	2ℓ
粗塩	大さじ1½
車えび（有頭。殻つき）	4尾
玉ねぎ	¼個
バター	大さじ20〜30g
オリーブオイル	少々
生クリーム	½カップ
トマトソース（p.64〜65参照）	大さじ2
塩	少々

えびは有頭で殻つき、うまみの強い車えびなどを使い、殻や頭も一緒に炒めて香ばしさを出し、
そのあとに殻を除き、頭は残したまま生クリームで煮てうまみを出します。
このときトマトソースを少し入れると甘みと酸味が加わって奥行きのある味に仕上がります。

カネロニのグラタン

  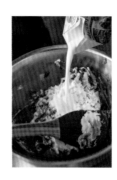 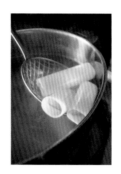 

材料　2人分

カネロニ	10〜12本
湯	2ℓ
粗塩	大さじ1½
ほうれん草	1束
ハム（ボンレス）	100g
リコッタチーズ	1パック
塩、粗びき黒こしょう	各適量
生クリーム	⅓カップ
ベシャメルソース（作りやすい分量）	
バター	25g
薄力粉	大さじ2½
牛乳	250mℓ
パルミジャーノ・レッジャーノ（すりおろし）	適量

1. ベシャメルソースを作る。鍋にバターと薄力粉を入れて火にかけ、弱火でじっくりと炒める。牛乳を少しずつ加えて混ぜ、絶えず混ぜながら弱火で15〜20分かけて⅔量になるまで煮詰める。

2. ほうれん草は塩ゆでして水気をしっかりと絞り、細かく刻み、さらに水気を絞る。ハムも細かく刻む。ボウルにリコッタチーズとハムを入れ、塩とこしょうをふり、ほうれん草を加えて混ぜる。生クリームを入れてなめらかな状態にする。

3. 深鍋に湯を沸かして塩を加え、カネロニを入れてすぐにかき混ぜ、3〜4分ゆで、ゆで汁をしっかりときる。

4. **2**を絞り袋に入れ、**3**のカネロニの中に絞り入れて詰める。

5. 耐熱容器にバター（分量外）をぬって**4**を並べ、ベシャメルソース適量をかけ、パルミジャーノをふる。

6. 天板にのせ、200℃のオーブンでこんがりと焼き色がつくまで20〜25分焼く。

カネロニの中身はリコッタチーズとほうれん草、ハム。生クリームで少しのばしてカネロニに詰め、
ベシャメルソースをかけてオーブンで焼き上げます。詰めものはひき肉やラグーでもよく、ソースはトマトソースでもよいし、
ラザニアのようにベシャメルソースとトマトソースをダブルで使っても。カネロニは詰めものがしやすいように
かなりかためにゆでるのがポイント。かたくてもその後オーブンで焼くとちょうどいい感じになります。

ラグー

ラグーは煮込み料理のことですが、イタリアでは主にミートソースを指し、肉が主役。
かみしめるほどに深い味わいが楽しめる肉のパスタというわけです。
ゆでたてのパスタとあえてパルミジャーノもたっぷりが鉄則。ほかにはない格別の味わいが楽しめます。

2つのラグーを作る

この本で紹介するのは牛肉のラグー、いのしし肉のラグー。肉以外の材料と作り方は同じ。
どちらも赤ワインをたっぷり用いると、風味とほどよい酸味、コクが出ます。
肉を食べるときと同様、ある程度塩気があった方がおいしいので、塩を数回に分けて入れて少し濃いめに味を調えるようにします。
おいしさの秘訣はなんといっても時間をかけて煮ること。そして1〜2日おくとさらにおいしくなります。

牛肉のラグー

材料　作りやすい分量

牛ひき肉	1kg
にんじん	2本
セロリ	2本
玉ねぎ	1½〜2個
にんにく	2〜3片
オリーブオイル	適量
トマトパッサータ（裏漉しトマト。瓶詰）	500g×2瓶
赤ワイン	1本
タイム（ドライ）	大さじ1
ローズマリー（ドライ）	大さじ1
塩、粗びき黒こしょう	各適量

作り方は共通

1. かたまり肉を使う場合は（ここでは、いのしし肉）適当な大きさに切り、フードプロセッサーで撹拌してひき肉にする。
2. にんじんは皮をむいてみじん切りにし、セロリ、にんにく、玉ねぎもみじん切りにする。
3. 鍋にオリーブオイル大さじ3（鍋底に流れるくらい）、にんにくを入れて弱火でじっくりと炒め、にんじん、セロリ、玉ねぎを加えてよく炒め、野菜のうまみを引き出す。
4. オリーブオイル少々を足し、ひき肉を加えてほぐしながら炒め、ひき肉から脂が十分出るまでよく炒める。
5. 赤ワインを加えて火を強め、アルコール分を飛ばしながら30分ほど中火弱で煮る。アクが出たらとり除く。
6. トマトパッサータを加えて混ぜ、タイムとローズマリーを入れ、塩大さじ½を入れ、ときどき木ベラで混ぜながら弱火で1時間半ほど煮込む。途中、味をみながら塩を足す。とろっとしてきたら塩、こしょうで味を調える。
7. 1〜2日おくとおいしくなる。

いのしし肉のラグー

材料　作りやすい分量

いのしし肉	1kg
にんじん	2本
セロリ	2本
玉ねぎ	1½〜2個
にんにく	2〜3片
オリーブオイル	適量
トマトパッサータ（裏漉しトマト。瓶詰）	500g×2瓶
赤ワイン	1本
タイム（ドライ）	大さじ1½
ローズマリー（ドライ）	大さじ1½
塩、粗びき黒こしょう	各適量

牛肉のラグーパスタ

材料 2人分

スパゲッティ	160〜180g
湯	2ℓ
粗塩	大さじ1½
牛肉のラグー	適量
パルミジャーノ・レッジャーノ	適量

1. 深鍋に湯を沸かして塩を加え、パスタを入れてすぐにかき混ぜ、ゆではじめる。袋の表示時間より1分ほど短くタイマーをセットする。
2. 牛肉のラグーは温め直す。焦げつきそうになったら、1のゆで汁少々加える。
3. パルミジャーノはすりおろす。
4. パスタがゆで上がったらトングでつかみ上げてボウルに入れ、パルミジャーノをたっぷりと入れ、ラグーを加えてよくあえる。
5. 器に盛り、さらに好みでパルミジャーノをかける。

日本ではパスタの上にラグーをかけるスタイルが定着していますが、パスタにラグーをからめながら余熱で火を入れ、
パスタに味を軽くしみ込ませてから盛りつけるのがイタリアンスタイル。このとき、先にすりおろしておいたパルミジャーノを入れ、
それからラグーをからめるとしっかり味がつきます。器に盛ったら、仕上げにまたチーズをたっぷりと。

いのしし肉の赤身で作るラグーは力強く、それでいて臭みやクセがなく、
牛ひき肉のラグーよりあっさりとしているのが特徴。牛肉ラグーと同様、よくあえてから器に盛ります。
ソースがよくからむフジッリなどのショットパスタまたは太めのロングパスタが合います。

いのしし肉のラグーパスタ

材料　2人分

フジッリなどのショートパスタ ………………	160〜180g
湯 ………………………………………………	2ℓ
粗塩 ……………………………………………	大さじ1½
いのしし肉のラグー (p.100〜101 参照) …………	適量
パルミジャーノ・レッジャーノ ………………	適量

1. 深鍋に湯を沸かして塩を加え、パスタを入れてすぐにかき混ぜ、ゆではじめる。袋の表示時間通りにタイマーをセットする。
2. いのしし肉のラグーは温め直す。焦げつきそうになったら、**1**のゆで汁少々を加える。
3. パスタがゆで上がったらゆで汁をきってボウルに入れ、ラグーを加えてよくあえる。
4. 器に盛り、パルミジャーノをおろしかける。

作ったパスタが残ったときに作るのが、焼きパスタ。
上にのせたチーズが溶けて
表面がカリッと香ばしくなったらでき上がり。
ほかのパスタでも同様に。

ラグーとパスタのオーブン焼き

材料　1人分

ラグーのパスタ ……………………………………	適量
パルミジャーノ・レッジャーノ …………………	適量

1. 耐熱容器にラグーのパスタを入れ、パルミジャーノを薄切りにしてたっぷりめにのせる。
2. 天板にのせ、220℃のオーブンで焼く。パルミジャーノが溶けてカリッとしたらでき上がり。

手打ちパスタ

材料は薄力粉、強力粉、塩、オリーブオイル、水といたってシンプル。
ゆでるとモチッとして、粉の味がダイレクトに味わえるのが特徴です。
成形は指やフォークや金串といった、キッチンにある身近な道具。形がそろわなくても、それはそれでお愛嬌。
ソースがからみやすくなるよう、溝や筋をつけるのが鉄則です。

  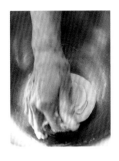 

手打ちパスタを作る

材料　作りやすい分量

薄力粉	1カップ
強力粉	1カップ
塩	少々
オリーブオイル	大さじ2〜3
冷水	½〜⅔カップ

1. 薄力粉と強力粉を混ぜ合わせて大きなボウルにふるい入れ、山形に寄せ、中央を大きく凹ませ、その凹みに塩とオリーブオイルを入れる。

2. 凹みに冷水を加え、周囲をくずしながら指で混ぜていく。全体がなじむように手の平を使って混ぜ、なめらかにしていく。生地が手にくっつくようなら手に薄力粉をつけ、生地がパサつくようなら手に水（分量外）をつける。

3. ひとまとめにできるくらいになったら、ボウルから出し、両手でしっかりとこねてなめらかにする。ひとつにまとめ、乾かないようにラップで包み、常温で20〜30分休ませる。さわったときに気持ちがいいくらいのやわらかさになったらOK。

4. ラップをとり、打ち粉（分量外）をふるった台にのせて4つに切り分け、棒状にのばし、さらに親指の第一関節ほどの大きさに切り分けて丸める。

5. 成形A。丸めた生地の上にテーブルナイフの腹を押し当て、ぐっと押しながら手前にひき、生地をカーブさせる。テーブルナイフを当てた側が外側になるように押して形を整える。オレキエッテの形になる。

6. 成形B。丸めた生地を目の粗いザルの上にのせ、親指の平を押し当てて生地をぐっと押す。力を入れながらそのまま奥に押して半回転させ、生地をクルッと丸める。深い溝がついたパスタになる。

7. 成形C。丸めた生地をフォークの背の上におき、人指し指の腹を押し当てる。力を入れながらそのまま奥か手前に押して半回転させ、生地をクルッと丸める。フォークの筋がついたパスタになる。

8. 成形D。丸めた生地の上に金串を押し当て、金串を上下に転がして生地をクルッと丸めながらねじりを入れる。ストロッツァ・プレーティというパスタになる。

9. いずれのパスタもザルに並べ、パスタ同士がくっつかないくらいの半乾きにする。

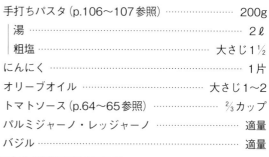

材料　2人分

手打ちパスタ (p.106～107参照)	200g
湯	2ℓ
粗塩	大さじ1½
にんにく	1片
オリーブオイル	大さじ1～2
トマトソース (p.64～65参照)	⅔カップ
パルミジャーノ・レッジャーノ	適量
バジル	適量

手打ちパスタのトマトソース

1. にんにくはたたきつぶす。
2. 深鍋に湯を沸かして塩を加え、パスタを入れてすぐにかき混ぜ、パスタが浮いてきてから4～8分ゆでる。※ゆで時間はパスタの厚さによって変わるので、食べてみて確認する。
3. フライパンまたは浅鍋にオリーブオイルとにんにくを入れて火にかけ、弱火でじっくりと火を通す。
4. トマトソースを加え、油となじませるようにして混ぜ、少し煮詰める。※この段階でパスタがゆで上がっていない場合はいったん火を止め、パスタを加える寸前に再び火にかける。
5. パスタがゆで上がったらゆで汁をきり、4に加えてあえる。
6. 器に盛り、パルミジャーノをおろしかける。バジルを添え、好みでパスタに加える。

小麦粉のおいしさをシンプルに楽しむ一皿。どの形のパスタを使っても構いません。
赤唐辛子を入れてアラビアータにしてもいいですね。

手打ちパスタのトマトバジル

材料　2人分

手打ちパスタ(p.106~107参照)	150g
湯	2ℓ
粗塩	大さじ1½
ミニトマト	16~20個
にんにく	2片
バジル	適量
オリーブオイル	大さじ2~3
塩	少々

1. ミニトマトはヘタをとって横2~3等分に切る。にんにくはたたきつぶす。バジルは葉を摘む。

2. ボウルににんにく、オリーブオイル、塩を入れて混ぜる。ミニトマトを加え、つぶしながら混ぜてトマトの果汁とオイルをなじませる。

3. 深鍋に湯を沸かして塩を加え、パスタを入れてすぐにかき混ぜ、パスタが浮いてきてから4~8分ゆでる。※ゆで時間はパスタの厚さによって変わるので、食べてみて確認する。

4. パスタがゆで上がったらゆで汁をきり、2のボウルに加えてあえる。バジルを加えてさらにあえ、バジルの香りを全体に回す。

2~3等分に切ったミニトマトをにんにく、オリーブオイル、塩と一緒にボウルに入れてつぶすと、
にんにく風味のトマト果汁がボウルの底に溜まります。それがソース。
ゆでたてのパスタをからめて口に入れると、なんともジューシー。
にんにくは食べず、香りだけを頂戴します。

手打ちパスタのブロッコリーソース

材料　2〜3人分

手打ちパスタ	200g
湯	2ℓ
粗塩	大さじ1
ブロッコリー	1個
にんにく	1片
赤唐辛子	2本
アンチョビー	8枚
オリーブオイル	適量

1. ブロッコリーは大きめの小房に分け、茎の部分は皮を厚くむいて一口大に切る。にんにくはたたきつぶす。赤唐辛子は半分にちぎる。

2. パスタをゆでる用の深鍋に湯を沸かして塩を加え、ブロッコリーの茎の部分、つぼみの部分の順に入れてやわらかめにゆで、取り出してザルに上げる。

3. 2の鍋にパスタを入れてすぐにかき混ぜ、パスタが浮いてきてから6〜8分ゆでる。※ゆで時間はパスタの厚さによるので、食べてみて確認する。

4. 2の作業と同時にフライパンまたは浅鍋にオリーブオイル大さじ2〜3とにんにくを入れて火にかけ、弱火でじっくりと火を通し、赤唐辛子、アンチョビーを加えて木べらでつぶすようにして炒める。

5. ブロッコリーを加え、木ベラで程よくつぶしながらよく炒める。※この段階でパスタがゆで上がっていない場合はいったん火を止め、パスタを加える寸前に再び火にかける。

6. パスタがゆで上がったらゆで汁をきり、5に加えてよくあえる。仕上げにオリーブオイルを回し入れる。

ブロッコリーは木ベラでつぶしてソースにしたいので、いつもよりやわらかくゆでること。にんにくと赤唐辛子、
塩気の効いたアンチョビー、そこにゆでたブロッコリーをつぶしながら混ぜればソースの完成。ソース多めであえるとおいしい。

有元葉子
Yoko Arimoto

素材の持ち味を生かし、余分なものを入れない引き算の料理が人気。自分が本当によいと思える食材を使い、心と体が納得するシンプルなおいしさを追求。東京・田園調布で料理教室「COOKING CLASS」を主宰し、自由な発想でレッスンを行う。料理教室と同じ建物にある「SHOP281」では、自身が使う基本調味料や油、キッチン道具などが揃う。

www.arimotoyoko.com

アートディレクション：昭原修三
デザイン：植田光子
撮影：竹内章雄
スタイリング：千葉美枝子
編集：松原京子
プリンティングディレクター：栗原哲朗（図書印刷）

パスタの本

2021年7月15日 第1刷発行

著　者　有元葉子
発行者　千石雅仁
発行所　東京書籍株式会社
　　　　東京都北区堀船 2 - 17 - 1 〒 114 - 8524
　　　　電話　03 - 5390 - 7531（営業）
　　　　　　　03 - 5390 - 7508（編集）
印刷・製本　図書印刷株式会社